MINISTÈRE DE L'INTÉRIEUR ET DES CULTES

RAPPORT

SUR LA

Réglementation de la Prostitution

EN FRANCE

(Seine, Algérie et Colonies exceptées.)

MELUN

IMPRIMERIE ADMINISTRATIVE

—

1903

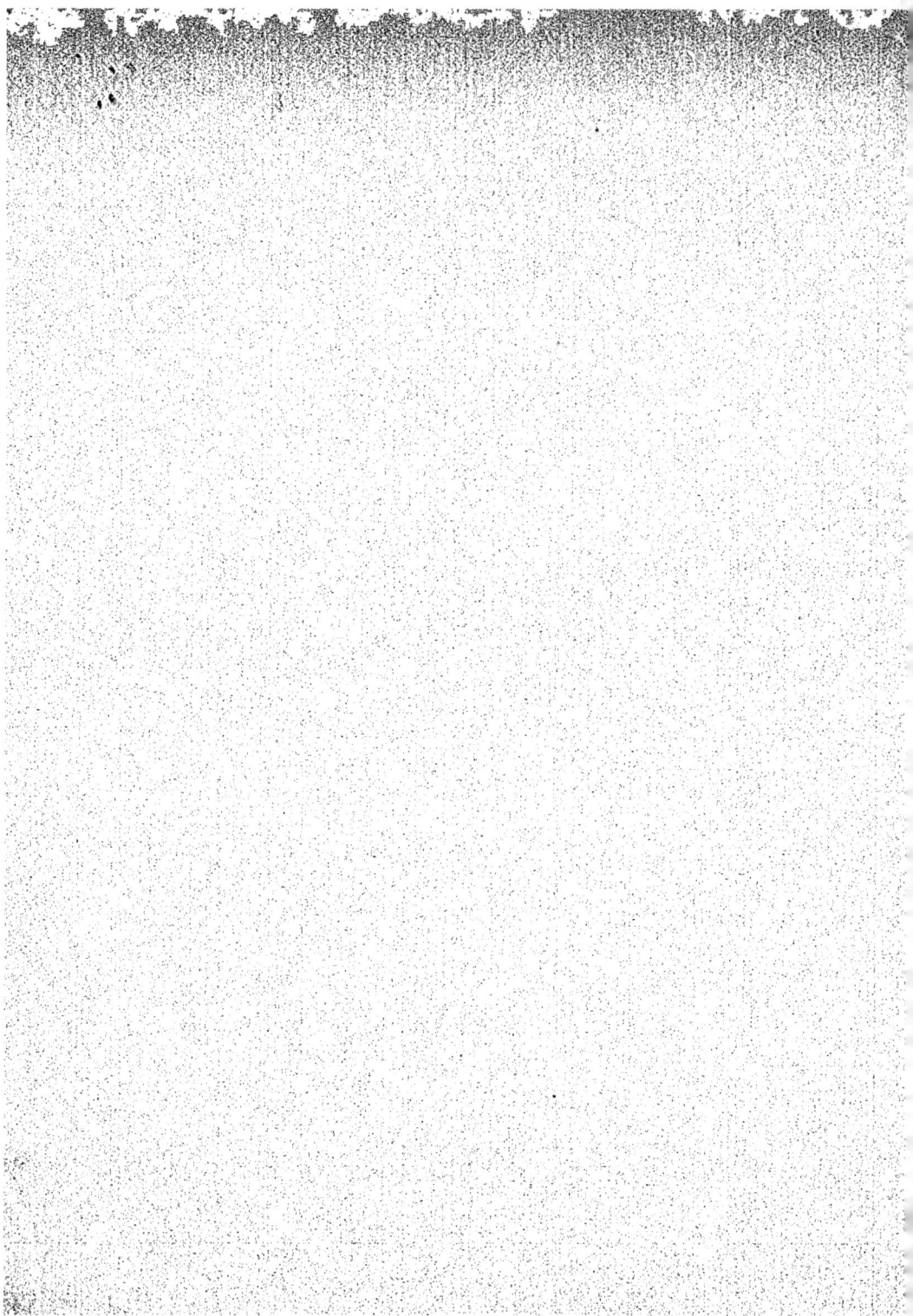

MINISTÈRE DE L'INTÉRIEUR ET DES CULTES

RAPPORT (1)

DE M. HENNEQUIN,

Chef de Bureau au Ministère de l'Intérieur,

SUR LA

RÉGLEMENTATION DE LA PROSTITUTION

EN FRANCE

(Seine, Algérie et Colonies exceptées.)

Dans sa première séance du 13 janvier 1902, la Commission d'Étude des questions relatives à la prophylaxie de la syphilis et des maladies vénériennes, a décidé, qu'avant de poursuivre ses travaux, il convenait d'entendre l'exposé écrit de trois questions dont l'examen était forcément lié au problème de la prophylaxie proposé aux délibérations de la Commission.

Ces trois questions concernaient :

1° L'examen critique des régimes de la réglementation, de la liberté ou de l'interdiction de la prostitution ; 2° l'organisation et le fonctionnement du service des mœurs à Paris ; 3° la réglementation de la prostitution dans les départements.

En provoquant la rédaction d'un rapport sur ce dernier point, M. Monod en justifiait l'utilité par cette considération que la recherche des mesures prophylactiques les plus efficaces avait une portée générale et que, devant être poursuivie dans l'intérêt des départements aussi bien que de Paris, il importait d'être pleinement édifié sur le régime départemental des mœurs.

---

(1) Ce rapport a été préparé pour la Commission d'Étude des questions relatives à la prophylaxie des maladies vénériennes, et imprimé à la demande de la Commission Extraparlementaire du Régime des mœurs.

Nous avions pensé tout d'abord qu'à l'aide des documents existants dans les services du Ministère de l'Intérieur il serait possible de donner assez rapidement satisfaction à la Commission. Mais un examen plus attentif de la question proposée conduisit bien vite à reconnaître qu'elle exigeait un effort et un temps considérables, et qu'elle ne pouvait être traitée sérieusement qu'après avoir pris connaissance de tous les arrêtés municipaux en vigueur et non de quelques spécimens seulement.

D'ailleurs à la réflexion, il apparut qu'il importait de pousser plus avant l'investigation et que loin de la restreindre aux seuls règlements concernant spécialement la prostitution, il était indispensable de l'étendre à tous les arrêtés contenant des dispositions tutélaires visant directement ou indirectement les mœurs, la morale et la santé publique, tels que les arrêtés relatifs à la police des garnis, des débits de boissons et des cafés-concerts.

Ces résolutions prises, la circulaire ministérielle suivante fut adressée aux Préfets à la date du 31 janvier 1902 :

« Veuillez rechercher d'urgence toutes les localités urbaines de votre département dans lesquelles est organisé un service de police des mœurs, même rudimentaire, et où il existe des règlements municipaux relatifs à la prostitution.

« Vous voudrez bien m'adresser un exemplaire de ces règlements, ainsi qu'une copie de toutes les dispositions se rattachant à cet objet et insérées dans d'autres arrêtés réglementaires. Je vise surtout les dispositions concernant la police des garnis, des débits de boissons, des cafés-concerts, etc.

« Vous ne perdrez pas de vue que, s'il n'y a pas lieu de poursuivre l'enquête dans les communes rurales, il est nécessaire, par contre, de l'étendre aux petites localités ayant un caractère urbain, car il s'en trouve encore qui, malgré une faible population, possèdent des maisons de tolérance et des registres de police pour l'inscription des femmes libres assujetties à un contrôle sanitaire.

« Je ne comprends pas parmi les localités ayant un caractère urbain toutes celles qui rentrent dans cette catégorie au point de vue du recensement, c'est-à-dire qui comptent plus de 2.000 habitants, agglomérés; mais seulement les communes qui, en fait, peuvent être considérées comme des villes à raison soit de la nature de leur population, soit de leur importance commerciale, soit encore du rang qu'elles occupent dans la division politique et administrative de la France, comme les chefs-lieux d'arrondissement.

« J'attache le plus grand prix à recevoir dans un très bref délai les renseignements et documents ci dessus énoncés, et je vous serais obligé de faire une diligence exceptionnelle pour les réunir. »

Malgré l'insistance ministérielle pour obtenir dans un très court délai les documents réclamés, la réunion de ces documents exigea un temps considérable. Une enquête sur place avait du reste laissé pressentir que bien des préfectures ne connaissaient pas le nombre des localités de leur département dotées d'un service des mœurs et conséquemment n'avaient pas sous la main les éléments du travail réclamé par l'Administration centrale.

Celle-ci, du reste, était dans la même ignorance, mais pour le double motif, d'une part, de la destruction des archives par l'incendie de 1871 : d'autre part, de l'absence d'enquêtes sur la matière depuis un temps immémorial.

A ce propos, il faut rappeler que la plus grande latitude a été laissée au pouvoir municipal en ce qui concerne le régime et la police des mœurs; qu'il fut recommandé aux Préfets, il y a déjà longtemps (cir. du 23 avril 1859) de ne pas se substituer aux maires en édictant des règlements généraux, ce qui explique, par surcroît, la non-intervention de l'Administration centrale en cette matière et sa pénurie de documentation; qu'enfin le pouvoir de contrôle du Préfet sur les règlements permanents des maires a dû s'exercer de plus en plus faiblement en raison même de l'objet auquel ils s'appliquaient et aussi de la compétence particulière du magistrat municipal relativement aux exigences de la localité en cette matière.

La circulaire à laquelle nous venons de faire allusion mérite de retenir un instant l'attention. Remarquable à tous les points de vue, par la forme et par le fond, elle contient un exposé de principes fort intéressant et des conseils empreints d'une haute sagesse.

Elle proclame que la réglementation de la prostitution est de droit dans les attributions du pouvoir administratif, l'autorité judiciaire ne devant intervenir que dans les cas définis par la loi (art. 334 du Code pénal).

Elle recommande de réserver à la police municipale l'usage de ses droits réguliers.

Elle fait ressortir les dangers d'une réglementation inconsidérée, qui, dans les communes où elle n'est pas absolument nécessaire, *« introduirait la prostitution et lui donnerait une consistance plus sérieuse »*.

Elle prescrit de veiller à ce que la police ne s'écarte jamais de sa mission, *« qu'elle ne confonde pas la démoralisation privée avec la prostitution publique »*; qu'elle procède avec beaucoup de circonspection et *« n'aggrave pas le mal en voulant enjoindre des inscriptions d'office qui ne seraient pas suffisamment justifiées »*.

Signalons, enfin, la mentalité particulière que traduit cette instruction ministérielle à deux points de vue qui ont souvent donné lieu à discussion. Le Ministre de l'époque envisage la réglementation comme un moyen de *réprimer* autant que possible la prostitution qui n'est pas encore envisagée comme un acte licite et un phénomène social plus ou moins normal. Il s'excuse pour ainsi dire de traiter un pareil sujet en alléguant *« qu'après tout, il faut bien aborder ces questions puisqu'elles intéressent, à un haut degré, la sécurité des familles, la moralité publique et la salubrité »*. *(1)*

---

(1) Instruction du Ministre de l'Intérieur sur les pouvoirs des autorités administratives. (23 avril 1859.)

Monsieur le Préfet, votre sollicitude a dû être plusieurs fois éveillée sur les difficultés que l'administration rencontre lorsqu'il s'agit de réprimer la prostitution et d'assurer l'exécution des règlements de police destinés, sinon à faire disparaître ce mal, du moins à le restreindre dans d'étroites limites et à lui opposer des mesures d'ordre et de surveillance.

Dans une matière qui touche à la police des mœurs et qui, sous plus d'un rapport, peut tomber sous l'application des lois pénales, il peut arriver, d'une part, que des conflits d'attributions se produisent ; d'autre part, qu'on éprouve des doutes, tant sur l'opportunité que sur la régularité des moyens : il est donc nécessaire que je vous fasse connaître à quel point de vue la question doit être envisagée et quelle marche il convient de suivre.

La prostitution, en ce qui concerne la répression, se trouve définie et régle-

Avant d'entreprendre l'examen de la réglementation départementale, il importe d'indiquer que l'exposé qui va suivre ne doit être considéré que comme une sorte d'avant-propos à des travaux plus approfondis que permettront d'effectuer les documents analysés et ceux qui ne sont pas encore entièrement réunis.

La Commission voudra bien excuser les imperfections et les lacunes inévitables de cette première étude, en prenant en considération l'étendue de la tâche dévolue à son rapporteur, et l'extrême difficulté d'une orientation permettant de fournir toutes explications utiles par suite du défaut d'archives et de l'absence ou de la non insertion, dans les recueils officiels, d'instructions ministérielles qui auraient pu exercer une influence sur les réglementations municipales à diverses époques.

---

mentée par une longue série d'anciens édits, d'ordonnances, d'arrêts du Conseil, de décisions des parlements et d'instructions émanant de l'autorité chargée de la police générale ; je n'ai point ici à reproduire les dispositions de ces nombreux règlements ; il me suffira de vous rappeler qu'à cet égard la législation en vigueur avant 1789, lorsqu'elle n'a pas été expressément abrogée par des lois nouvelles, a conservé toute sa force, et que l'article 484 du Code pénal doit trouver ici son application.

Il résulte de ce fait que tout ce qui concerne la réglementation et la répression de la prostitution est de droit dans les attributions du pouvoir administratif, l'autorité judiciaire ne devant intervenir que dans les cas définis par la loi (art. 334 du Code pénal).

Plusieurs de MM. les préfets laissent aux maires des communes, agissant sous leur autorité, le soin de prendre des arrêtés de police sur cette matière ; d'autres croient devoir la réglementer eux-mêmes, d'une manière générale, pour tout le département. Le premier système me semble préférable à tous égards. Il importe de réserver à la police municipale l'usage de ses droits réguliers et de n'intervenir, pour se substituer à elle ou pour réformer ses actes, que lorsqu'elle s'écarte de la limite de ses pouvoirs ou en fait une fausse application.

Il est essentiel, dans tous les cas, que l'autorité ne procède, en une matière aussi délicate, qu'avec une extrême réserve. Ce qui est utile ou nécessaire dans une commune peut ne pas convenir dans une autre. Dans les villes populeuses, dans les localités qui avoisinent les garnisons, il importe de publier des règlements indispensables au point de vue de l'ordre et de la salubrité, alors que ces mêmes règlements seraient plutôt nuisibles qu'opportuns, si on voulait les appliquer à des communes placées dans des conditions différentes et où, sous prétexte de

Le présent travail comprendra l'examen des dispositions contenues dans les règlements ci-après, savoir :

Les règlements concernant la prostitution, les femmes publiques et les maisons de tolérance ;

Les règlements concernant les cabarets et débits de boissons ;

Les règlements relatifs aux logeurs en garni ;

Les règlements sur la police des cafés concerts.

PREMIÈRE SECTION

Le plus grand développement sera tout naturellement consacré aux matières faisant l'objet des règlements de la 1re section et que nous nous proposons d'exposer dans l'ordre suivant :

réglementer la prostitution, on ne ferait que l'introduire et lui donner une consistance plus sérieuse.

Les cas échéants où des mesures vous sembleraient devoir être adoptées, en pareille matière, il vous appartiendrait de veiller à ce que la police ne s'écartât jamais de sa mission, à ce qu'elle ne confondit pas la démoralisation privée avec la prostitution publique. Il y a là une distinction essentielle à faire ; il importe que les agents chargés du service procèdent avec beaucoup de circonspection, qu'ils n'aggravent pas le mal en voulant enjoindre des inscriptions d'office qui ne seraient pas suffisamment justifiées.

Les filles mineures qui n'appartiendraient pas à la localité devraient être renvoyées par mesure administrative à leur famille, au lieu d'être déférées à l'autorité judiciaire sous une prévention de vagabondage rarement justifiée. Des dispensaires devraient être établis autant que possible. Il serait indispensable de prescrire les visites et inspections que réclamerait le soin de la santé publique.

Je ne crois pas qu'il soit nécessaire d'insister à cet égard ; il m'aura suffi d'appeler votre attention sur des questions qu'il faut bien aborder, après tout, puisqu'elles intéressent à un haut degré la sécurité des familles, la morale publique et la salubrité.

Je recommande donc cet intérêt à toute votre surveillance, et je vous prie de m'adresser, en m'accusant réception de la présente circulaire, les observations que votre expérience vous suggérera.

1° Nombre de villes réglementées et non réglementées
2° Nombre et date des règlements
3° Visas
4° Considérants
5° Inscription et radiation
6° Interdiction visant les filles publiques
7° Maisons de tolérance
8° Visites sanitaires
9° Mesures administratives.

I. — NOMBRE DE VILLES RÉGLEMENTÉES ET NON RÉGLEMENTÉES

Dans toutes les grandes villes à l'exception unique de Tourcoing (79.243 hab.) et dans la plupart des localités de quelque importance la prostitution a fait l'objet d'un règlement municipal.

Le nombre des communes de toutes catégories possédant un règlement de l'espèce monte à 445, (1) et la population de ces communes dépasse 8.300.000 habitants (recensement de 1896).

Le chiffre de 445 indique clairement que la réglementation ne se rencontre pas seulement dans les agglomérations d'une grande densité mais aussi dans des localités à population moyenne ou faible.

Effectivement, un assez grand nombre de communes qui rentrent dans la catégorie des très petites villes ou même des communes rurales sont dotées d'un règlement sur la prostitution, et ce fait s'explique souvent par la situation particulière de ces localités résultant tantôt de la présence ou du voisinage d'une garnison ou d'un établissement industriel tantôt aussi de l'apparition inopinée de la prostitution.

Ainsi on compte 112 communes sur 445, d'une population inférieure à 5.001 habitants, où la prostitution est réglementée ; 45 de ces communes ont moins de 3.000 âmes.

(1) De ce que 445 communes possèdent un règlement, il ne faudrait pas en conclure que toutes ces localités soient pourvues d'une police des mœurs et d'un service sanitaire. Nous ne considérons ici que la réglementation telle qu'elle ressort des arrêtés municipaux sans rechercher si les arrêtés s'adaptent à une situation de fait ni comment ils sont appliqués.

Voici d'ailleurs comment se répartissent les communes réglementées entre les différents groupes de populations :

3,000 habitants et au-dessous.............	45	communes.
3,001 — à 5,000.................	67	—
5,001 — à 10,000.................	135	—
10,001 — à 20,000.................	99	—
20,001 — à 30,000.................	47	—
30,001 — à 50,000.................	21	—
50,001 — à 80,000.................	16	—
80,001 — et au-dessus.............	15	—

ENSEMBLE....... 445 communes.

Le classement des départements d'après le nombre de leurs communes possédant un règlement sur la prostitution s'établit ainsi qu'il suit :

N° D'ORDRE	NOMBRE DE DÉPARTEMENTS	DÉPARTEMENTS	NOMBRE DE COMMUNES réglementées.	N° D'ORDRE	NOMBRE DE DÉPARTEMENTS	DÉPARTEMENTS	NOMBRE DE COMMUNES réglementées.
1	1	Meurthe-et-Moselle......	20			Ariège, Aude, Charente, Eure-et-Loir, Indre, Loiret, Manche, Nièvre, Pyrénées (Hautes-), Rhône, Vienne(Haute-).	
2	1	Nord.................	19	10	12		4
3	2	Pas-de-Calais, Calvados..	11				
4	5	Aisne, Bouches-du-Rhône, Hérault, Seine-Inférieure, Vosges.	10			Allier, Alpes (Hautes-) Ardèche, Cher, Côte-d'Or, Doubs, Garonne (Haute-), Loir-et-Cher, Loire - Inférieure, Mayenne, Morbihan, Puy-de-Dôme, Pyrénées-Orientales,Saône(Haute-) Tarn-et-Garonne, Vendée, Yonne.	
5	4	Marne, Meuse, Seine-et-Marne, Var.	9	11	17		3
6	4	Charente-Inférieure, Gard, Gironde, Vaucluse.	8				
7	3	Finistère, Lot-et-Garonne, Saône-et-Loire.	7				
8	6	Ain, Ardennes, Aveyron, Eure, Oise, Orne.	6				
9	17	Alpes (Basses-), Alpes-Maritimes, Dordogne, Drôme, Gers, Isère, Ille-et-Vilaine, Loire, Maine-et-Loire, Pyrénées (Basses-), Sarthe, Savoie, Savoie (Haute-), Seine-et-Oise, Sèvres (Deux-), Somme, Tarn.	5	12	11	Aube, Corrèze, Corse, Côtes-du-Nord, Indre-et-Loire, Jura, Landes, Loire (Haute-), Lot, Belfort, Vienne.	2
				13	3	Cantal, Creuse, Lozère....	1

Il semblerait a *priori*, que le classement ci-dessus ne présentât pas d'autre intérêt, que de faire ressortir le rang qu'occupent les départements par rapport à l'importance numérique des communes de chacun d'eux qui ont des règlements, ce rang ne traduisant pas autre chose que l'existence, en nombre plus ou moins grand, dans la circonscription départementale, de groupes de population assez considérables, pour justifier la nécessité d'un règlement sur la prostitution. Et s'il en était ainsi, il n'y aurait à retirer de ce renseignement qu'une utilité statistique à l'exclusion de tout indice sur le degré de diffusion de la prostitution ou sur les tendances municipales.

Cependant il en va tout autrement, car non seulement toutes les communes d'un nombre minimum déterminé d'habitants ne sont pas toujours réglementées partout, mais encore l'on constate à cet égard une grande diversité entre les départements. Avant de la faire ressortir et d'en rechercher la signification, il convient tout d'abord d'indiquer qu'on trouve 250 communes, soit chefs-lieux d'arrondissement (1), soit possédant une population de 5.000 habitants au moins, dans lesquelles les municipalités n'ont pas pris d'arrêtés concernant la prostitution.

Ces 250 communes se répartissent de la manière suivante :

Chefs-lieux d'arrondissement.	3.000 habitants et au-dessous.	22 communes.	
	3.001 — à 5.000...	27	—
Chefs-lieux d'arrondissement et autres.	5.001 — à 7.000...	107	—
	7.001 — à 10.000...	66	—
	10.001 — à 15.000...	19	—
	15.001 — à 20.000...	4[2]	—
	20.001 — et au-dessus.	5[2]	—

ENSEMBLE .... 250 communes.

(1) Les chefs-lieux d'arrondissement où la prostitution n'est pas réglementée sont au nombre de 91, dont 58 comptant moins de 5.000 âmes, 29 comptant de 5.000 à 10.000 âmes et 3 (Saint-Claude — Louviers — Hazebrouck) comptant plus de 10.000 habitants.

(2) Tourcoing 79.243 habitants — Cannes 30.420 — Villeurbanne 29.220 — Wattrelos 25.800 — Chantenay 20.163 — Argenteuil 17.375 — Firminy 16.903 — Halluin 16.599 — Croix 15.993.

On peut remarquer que l'absence de réglementation se rencontre surtout dans les communes ayant de 5.001 à 10.000 habitants (173 sur 250); et que ce nombre est, à 38 unités près, égal à celui des communes réglementées de la même catégorie (135) figurant dans le relevé de la page 8.

Mais il ne suffit pas de connaître le nombre des localités dans lesquelles les maires n'ont pas édicté de règlements; il est encore aussi et plus intéressant de rechercher dans quelles régions se trouvent ces localités; si elles sont concentrées dans quelques départements seulement ou bien répandues sur tout le territoire et d'une manière sensiblement égale.

Le tableau ci-après donne toutes les indications propres à répondre entièrement à ces questions.

DÉPARTEMENTS	NOMBRE DE COMMUNES de toutes catégories dans lesquelles la prostitution est réglementée.	NOMBRE DE COMMUNES, chefs-lieux d'arrondissement ou comptant au moins 5,000 habitants, dans lesquelles la prostitution n'est pas réglementée.	DÉVELOPPEMENT DE LA COLONNE 3						
			CHEFS-LIEUX D'ARRONDISSEMENT		CHEFS-LIEUX D'ARRONDISSEMENT ET AUTRES				
			3,000 habitants et au-dessous.	3,001 habitants à 5,000.	5,001 habitants à 7,000.	7,001 habitants à 10,000.	10,001 habitants à 15,000.	15,001 habitants à 20,000.	20,001 habitants et au-dessus.
1	2	3	4	5	6	7	8	9	10
Ain	6	3	3	»	»	»	»	»	»
Aisne	10	1	»	»	1	»	»	»	»
Allier	3	4	1	»	2	»	1	»	»
Alpes (Basses-)	5	2	2	»	»	»	»	»	»
Alpes (Hautes-)	3	Néant.	»	»	»	»	»	»	»
Alpes-Maritimes	5	2	1	»	»	»	»	»	1
Ardèche	3	2	1	»	1	»	»	»	»
Ardennes	6	5	1	»	3	1	»	»	»
Ariège	4	Néant.	»	»	»	»	»	»	»
Aube	2	4	1	3	»	»	»	»	»
Aude	4	Néant.	»	»	»	»	»	»	»
Aveyron	6	1	»	1	»	»	»	»	»
Bouches-du-Rhône	10	3	»	»	2	1	»	»	»
Calvados	11	1	»	»	1	»	»	»	»
Cantal	1	3	»	2	1	»	»	»	»
Charente	4	2	»	2	»	»	»	»	»
Charente-Inférieure	8	1	»	1	»	»	»	»	»
Cher	3	2	»	1	1	»	»	»	»
Corrèze	2	1	»	1	»	»	»	»	»
Corse	2	2	»	»	2	»	»	»	»
Côte-d'Or	3	2	2	»	»	»	»	»	»
Côtes-du-Nord	2	3	»	»	2	1	»	»	»
A reporter	103	44	12	11	10	3	1	»	1

DÉPARTEMENTS	NOMBRE DE COMMUNES de toutes catégories dans lesquelles la prostitution est réglementée.	NOMBRE DE COMMUNES, chefs-lieux d'arrondissement ou comptant au moins 5,000 habitants, dans lesquelles la prostitution n'est pas réglementée.	DÉVELOPPEMENT DE LA COLONNE 3						
			CHEFS-LIEUX D'ARRONDISSEMENT		CHEFS-LIEUX D'ARRONDISSEMENT ET AUTRES				
			3,000 habitants et au-dessous.	3,001 habitants à 5,000.	5,001 habitants à 7,000.	7,001 habitants à 10,000.	10,001 habitants à 15,000.	15,001 habitants à 20,000.	20,001 habitants et au-dessus.
1	2	3	4	5	6	7	8	9	10
Report........	103	44	12	11	16	3	1	»	1
Creuse..............	1	3	1	1	»	1	»	n	»
Dordogne............	5	Néant.	»	»	»	»	»	»	»
Doubs..............	3	1	»	1	»	»	»	»	»
Drôme	5	2	»	2	»	»	»	»	»
Eure................	6	1	»	»	»	»	1	»	»
Eure-et-Loir........	4	Néant.	»	»	»	»	»	»	»
Finistère...........	7	10	»	1	5	3	1	»	»
Gard...............	8	1	»	»	»	»	1	»	»
Garonne (Haute-).....	3	3	1	1	1	»	»	»	»
Gers..............	5	1	»	1	»	»	»	»	»
Gironde............	8	7	»	2	3	»	2	»	»
Hérault............	10	Néant.	»	»	»	»	»	»	»
Ille-et-Vilaine.......	5	2	»	»	2	»	»	»	»
Indre..............	4	1	»	»	1	»	»	»	»
Indre-et-Loire........	2	1	»	»	1	»	»	»	»
Isère..............	5	1	»	1	»	»	»	»	»
Jura...............	2	4	»	1	2	»	1	»	»
Landes.............	2	1	»	1	»	»	»	»	»
Loir-et-Cher........	3	Néant.	»	»	»	»	»	»	»
Loire..............	5	7	»	»	3	2	1	1	»
Loire (Haute-).......	2	2	»	»	1	1	»	»	»
Loire-Inférieure......	3	12	1	»	8	2	»	»	1
A reporter....	201	101	15	23	43	12	8	1	2

DÉPARTEMENTS	NOMBRE DE COMMUNES de toutes catégories dans lesquelles la prostitution est réglementée.	NOMBRE DE COMMUNES, chefs-lieux d'arrondissement ou comptant au moins 5.000 habitants dans les villes la prostitution n'est pas réglementée.	DÉVELOPPEMENT DE LA COLONNE 3						
			CHEFS-LIEUX D'ARRONDISSEMENT		CHEFS-LIEUX D'ARRONDISSEMENT ET AUTRES				
			3.000 habitants et au-dessous.	3.001 habitants à 5.000.	5.001 habitants à 7.000.	7.001 habitants à 10.000.	10.001 habitants à 15.000.	15.001 habitants à 20.000.	20.001 habitants et au-dessus.
1	2	3	4	5	6	7	8	9	10
Report........	201	104	15	23	43	12	8	1	2
Loiret	4	1	»	»	1	»	»	»	»
Lot................	2	1	»	1	»	»	»	»	»
Lot-et-Garonne......	7	Néant.	»	»	»	»	»	»	»
Lozère	1	2	1	1	»	»	»	»	»
Maine-et-Loire......	5	1	»	1	»	»	»	»	»
Manche.............	4	5	1	»	3	1	»	»	»
Marne..............	0	Néant.	»	»	»	»	»	»	»
Marne (Haute-)	4	Néant.	»	»	»	»	»	»	»
Mayenne............	3	1	»	»	1	»	»	»	»
Meurthe-et-Moselle...	20	1	1	»	»	»	»	»	»
Meuse..............	0	Néant.	»	»	»	»	»	»	»
Morbihan...........	3	11	»	»	7	4	»	»	»
Nièvre	4	2	1	»	1	»	»	»	»
Nord...............	19	38	»	»	17	12	5	2	2
Oise	6	1	»	»	1	»	»	»	»
Orne...............	0	1	»	1	»	»	»	»	»
Pas-de-Calais.......	11	10	»	1	3	4	2	»	»
Puy-de-Dôme........	3	4	»	»	3	1	»	»	»
Pyrénées (Basses-)....	5	5	»	1	4	»	»	»	»
Pyrénées (Hautes-)...	4	1	»	»	»	1	»	»	»
Pyrénées-Orientales..	3	2	»	1	1	»	»	»	»
Rhin (Haut-)........ (Partie française.)	2	Néant.	»	»	»	»	»	»	»
À reporter....	335	191	19	30	85	35	15	3	4

DÉPARTEMENTS	NOMBRE DE COMMUNES de toutes catégories dans lesquelles la prostitution est réglementée.	NOMBRE DE COMMUNES chefs-lieux d'arrondissement ou comptant au moins 5,000 habitants, dans lesquelles la prostitution n'est pas réglementée.	DÉVELOPPEMENT DE LA COLONNE 3						
			CHEFS-LIEUX D'ARRONDISSEMENT		CHEFS-LIEUX D'ARRONDISSEMENT ET AUTRES					
			3,000 habitants et au-dessous.	3,001 habitants à 5,000.	5,001 habitants à 7,000.	7,001 habitants à 10,000.	10,001 habitants à 15,000.	15,001 habitants à 20,000.	20,001 habitants et au-dessus.
1	2	3	4	5	6	7	8	9	10
Report........	335	191	19	30	85	35	15	3	4
Rhône.............	4	4	»	»	»	2	1	»	1
Saône (Haute-)......	3	3	»	»	3	»	»	»	»
Saône-et-Loire.......	7	3	»	1	2	»	»	»	»
Sarthe.............	5	2	»	1	1	»	»	»	»
Savoie.............	5	1	»	1	»	»	»	»	»
Savoie (Haute-)......	5	1	1	»	»	»	»	»	»
Seine-Intérieure.....	10	8	»	1	3	2	2	»	»
Seine-et-Marne.......	9	1	»	»	1	»	»	»	»
Seine-et-Oise........	5	17	»	»	4	11	1	1	»
Sèvres (Deux-)......	5	1	1	»	»	»	»	»	»
Somme.............	5	1	»	»	»	1	»	»	»
Tarn..............	5	2	»	»	»	2	»	»	»
Tarn-et-Garonne.....	3	1	»	»	»	1	»	»	»
Var...............	9	Néant.	»	»	»	»	»	»	»
Vaucluse...........	8	2	»	»	2	»	»	»	»
Vendée............	3	3	»	»	3	»	»	»	»
Vienne............	2	3	1	1	1	»	»	»	»
Vienne (Haute-).....	4	3	»	1	1	1	»	»	»
Vosges	10	1	»	»	»	1	»	»	»
Yonne.............	3	2	»	1	1	»	»	»	»
Totaux........	445	250	22	37	107	56	19	4	5

Nous croyons utile de mettre en relief les indications essentielles que fournit ce tableau.

Dans 13 départements, **aucune** commune chef-lieu d'arrondissement ou ayant une population de 5.000 âmes n'est dépourvue de règlement sur la prostitution.

[Alpes (Hautes-) — Ariège — Aude — Dordogne — Eure-et-Loir — Hérault — Loir-et-Cher — Lot-et-Garonne — Marne — Marne (Haute-) — Meuse — Territoire de Belfort — Var].

Dans 28 départements, **une seule** commune des mêmes catégories pour chaque département ne possède pas de règlement.

[Aisne — Aveyron — Calvados — Charente-Inférieure — Corrèze — Doubs — Eure — Gard — Gers — Indre — Indre-et-Loire — Landes — Loiret — Lot — Maine-et-Loire — Mayenne — Meurthe-et-Moselle — Oise — Orne — Pyrénées (Hautes-) — Savoie — Savoie (Haute-) — Seine-et-Marne — Deux-Sèvres — Somme — Tarn-et-Garonne — Vosges].

Dans 17 départements, **deux** communes des mêmes catégories pour chaque département ne possèdent pas de règlements.

[Alpes (Basses-) — Alpes-Maritimes — Ardèche — Charente — Cher — Corse — Côte-d'Or — Drôme — Ille-et-Vilaine — Loire (Haute-) — Lozère — Nièvre — Pyrénées-Orientales — Sarthe — Tarn — Vaucluse — Yonne].

Dans 11 départements, **trois** communes des mêmes catégories pour chaque département ne possèdent pas de règlements.

[Ain — Bouches-du-Rhône — Cantal — Côtes-du-Nord — Creuse — Garonne (Haute-) — Saône (Haute-) — Saône-et-Loire — Vendée — Vienne — Vienne (Haute-).]

Dans 5 départements, **quatre** communes des mêmes catégories pour chaque département ne possèdent pas de règlements.

[Allier — Aube — Jura — Puy-de-Dôme — Rhône.]

Dans 3 départements, **cinq** communes des mêmes catégories pour chaque département ne possèdent pas de règlements.

[Ardennes — Manche — Pyrénées (Basses-).]

Dans 2 départements, **sept** communes des mêmes catégories ne possèdent pas de règlements.

[Gironde — Loire.]

Dans 1 département, **huit** communes des mêmes catégories ne possèdent pas de règlements.

[Seine-Inférieure.]

Dans 2 départements, **dix** communes des mêmes catégories ne possèdent pas de règlements.

[Finistère — Pas-de-Calais.]

Dans 1 département, **onze** communes des mêmes catégories ne possèdent pas de règlements et trois seulement sont réglementées.

[Morbihan.]

Dans 1 département,   **douze** communes des mêmes catégories
ne possèdent pas pas de règlements et trois
seulement sont réglementées.

[Loire-Inférieure.]

Dans 1 département,   **dix-sept** communes des mêmes catégories
ne possèdent pas de règlements et cinq seu-
lement sont réglementées.

[Seine-et-Oise.]

Dans 1 département,   **trente-huit** communes des mêmes catégories ne possèdent pas de règlements et
dix-neuf seulement sont réglementées.

[Nord.]

Ainsi, sauf, dans le groupe des 13 premiers départements ci-
dessus, on rencontre dans tous les autres, soit dans 73, des communes chefs-lieux d'arrondissement ou comptant au moins 5.000 âmes,
dépourvues de règlements sur la prostitution. Sans doute ce fait
ne présente pas de caractère insolite dans les 14 départements où
1 et 2 communes *seulement* de cette catégorie ne sont pas réglementées ; mais il acquiert une importance sans cesse croissante
dans tous les autres départements.

Il est frappant notamment dans les départements de la Gironde, de la Loire, de la Seine-Inférieure, du Finistère, du Pas-
de-Calais, du Morbihan, de la Loire-Inférieure, de Seine-et-Oise,
et du Nord. Et, si considérés et classés par rapport à l'importance
du nombre des communes possédant des règlements, le Nord le
Pas-de-Calais et la Seine-Inférieure occupaient les premiers rangs
(2e, 3e, 6e), ils figurent d'autre part parmi ceux qui comptent le
plus de villes *non* réglementées.

Comment expliquer les différences constatées d'un département
à l'autre au point de vue de la réglementation ? D'un autre côté,
serait-il permis de s'appuyer sur les données que nous avons tenté
de mettre en lumière, pour mesurer la moralité publique dans
les diverses régions ?

3

Nous avons cherché en vain les raisons déterminantes de l'absence des règlements municipaux dans des localités qui eu égard à leur population auraient dû normalement figurer parmi celles de la même catégorie ayant eu recours en grand nombre aux moyens habituels, de défense contre la prostitution.

Une première investigation semblait permettre d'avancer que la non réglementation se rencontrait surtout dans les communes dépourvues de garnison, dans les centres miniers et industriels, dans des localités formant la banlieue de ville et habitées par une population peu aisée. Mais un examen plus approfondi conduisit à constater que ce fait n'offrait pas le caractère de généralité nécessaire pour en tirer parti et pour constituer une explication plausible.

Sans doute, par exemple, il n'y a pas de règlements sur la prostitution à Commentry, Revin, Fumay, La Grand'Combe, Firminy, Le Ricamarie, Terrenoire, Fourchambault, Aniches, Caudry, Bruay, Nœux. Néanmoins par contre, il en existe à Hirson, Guise, Decazeville Aubin, Bessèges, Rive-de-Gier, Fourmies, Anzin, Liévin, Le Creusot, Montceau-les-Mines, Carmaux.

Quant aux localités avoisinant plus ou moins les grandes villes, si l'absence de règlement est fréquente, cependant on relève aussi d'assez nombreuses exceptions parmi lesquelles on peut citer: Lambezellec (près de Brest), Caudéran (près de Bordeaux), Sotteville-lès-Rouen et Darnétal, toutes les communes avoisinant Nancy, etc..

En définitive on ne parviendrait à déterminer les causes véritables de la différence que présente la réglementation entre les divers départements, que par des enquêtes locales multipliées et passablement délicates: les documents réunis même éclairés par la recherche de la nature de la population et de la situation de la commune ne fournissent pas des éléments d'appréciation suffisants.

Reste à examiner ce qu'on peut inférer, au point de vue de l'état des mœurs, de l'absence de réglementation dans une commune ou de sa rareté dans les communes d'un département. Il serait téméraire de tirer à cet égard des conclusions catégoriques, et par exemple d'émettre l'opinion que la diffusion et l'intensité de la prostitution publique dans une région donnée sont exactement traduites par le nombre des communes réglementées, comparé au nombre des localités qui en raison de leur population comporteraient en principe un règlement.

A ce compte, on pourrait en se fondant sur le tableau de classement que nous avons inséré à la page 15, avancer que notamment dans les 41 départements des 2 premières catégories, où 237 communes sur 265 ont un règlement, la prostitution sévit d'une manière exceptionnelle et sensiblement plus que dans des départements très peuplés et très riches tels que le Rhône, la Gironde, la Loire, la Seine-Inférieure, le Pas-de-Calais et le Nord. Il y a pourtant des raisons sérieuses pour penser que cette présomption ne correspond pas au moins d'une manière générale et absolue à la réalité des faits. On ne pourrait d'ailleurs considérer comme vraiment caractéristique, au point de vue qui nous occupe, que la situation des départements bretons du Morbihan et de la Loire-Inférieure qui seraient susceptibles de renfermer 14 et 15 communes réglementées alors qu'on n'en compte que 3 dans chacun d'eux.

Au surplus il faut bien reconnaître que la prostitution publique se pratique à peu près dans toutes les localités assez peuplées pour être rangées parmi les villes et que sa réglementation s'impose ou s'effectue plus ou moins suivant des circonstances si diverses, qu'elles rendent toute déduction à peu près impossible.

Ici la multiplicité des garnisons, comme dans la Marne, la Meuse, Meurthe-et-Moselle, les Vosges, suffit à expliquer le grand nombre de règlements ; là, l'on a considéré, suivant le conseil donné par la circulaire ministérielle précitée de 1859, que la prostitution n'était pas assez développée pour justifier une réglementation qui lui aurait donné de la consistance : on constaterait ailleurs, que les dispositions d'esprit des municipalités se sont trouvées, à un moment donné, peu favorables à une innovation de ce genre et que le règlement fait défaut uniquement parce qu'il n'existait pas antérieurement ; dans telles autres localités c'est l'insuffisance des moyens d'action ou des ressources qui aura incité à ajourner l'application du régime en usage.

Par contre dans diverses communes, un scandale un peu retentissant, les doléances ou les craintes du public, quelques contaminations divulguées, même le simple rigorisme d'une municipalité, auront entraîné la réglementation de la prostitution, qui, une fois établie, se sera perpétuée indéfiniment encore qu'elle ne réponde plus à une nécessité évidente.

De tout ceci il résulte que l'interprétation, au point de vue de l'état comparatif de la prostitution, des chiffres représentant le nombre par département des communes ayant des règlements ou en étant dépourvues, rencontre de grandes difficultés. Certes, les indices sont nombreux et intéressants, mais il subsiste trop d'incertitudes, mais il y a trop d'inconnues à dégager, pour que nous nous reconnaissions le droit de formuler un avis catégorique et que nous osions assumer la responsabilité grave d'énoncer cette proposition: que la prostitution publique est plus répandue dans les communes urbaines de tel département que dans celles de tel autre.

II. — NOMBRE ET DATE DES RÈGLEMENTS

Le nombre des règlements en vigueur est de 570, soit de 125 supérieur au nombre des villes réglementées.

Il est à peine nécessaire d'indiquer les raisons de cette différence qui s'explique sans peine par le fait que des arrêtés successifs sont intervenus dans certaines localités pour parer à des besoins nouveaux et qu'ainsi la police des mœurs peut être régie, dans un lieu donné, par plusieurs arrêtés.

Les 570 règlements dont il s'agit sont intervenus aux dates comprises dans les périodes décennales ci-après:

1820-1829...............................	1	
1830-1839...............................	4	
1840-1849...............................	28	128
1850-1859...............................	56	
1860-1869...............................	39	
1870-1879...............................	91	
1880-1889...............................	118	
1890-1899...............................	175	220
1900-1901 et 1902......................	45	
Non datés, extraits de codifications générales des règlements municipaux	13	

ENSEMBLE............ 570

Ainsi 128 règlements remontent à des dates anciennes (1820-1869) et dont la moins reculée est encore éloignée de 41 ans.

Le plus grand nombre cependant (soit 442) sont relativement assez récents, dont 220 édictés depuis 11 ans.

Aucune impulsion n'est venue du centre depuis longtemps pour solliciter les municipalités à combler des lacunes, à améliorer ou à renforcer la réglementation ; et la multiplicité des arrêtés, intervenus depuis peu (15 depuis 1900), autoriserait à penser, non seulement que les maires ne songent pas à se rallier au régime de la liberté de la prostitution, mais encore que l'état des mœurs ou de la santé publique a exigé de nouvelles sinon de plus sévères prescriptions.

Les recherches entreprises pour faire la lumière sur ce point capital ont abouti à des résultats pleinement probants : quelques exemples suffiront à le démontrer.

Considérant seulement les règlements postérieurs à 1890, nous donnons ci-dessous le nom d'un certain nombre de localités dans lesquelles les municipalités ont pris des mesures plus sévères ou institué pour la 1re fois le régime de la réglementation, et nous indiquons, en même temps, les motifs particuliers invoqués à l'appui de ces prescriptions.

A) Mesures plus sévères motivées comme il suit :

I. *Accroissement du racolage ou de la prostitution en général.*

Nîmes (accroissement de la prostitution isolée)
Mâcon (la prostitution a pris des proportions inquiétantes)
Bastia (invasion toujours croissante des prostituées. Plainte de l'autorité militaire et des pères de famille)
Vannes (progrès du racolage)
Alais
Saint-Omer
Saint-Affrique (la prostitution, grâce à une tolérance excessive, a pris un développement inquiétant)
La Ciotat
Pertuis (progrès du racolage)

II. *Accroissement de la prostitution clandestine.*

Cette

Saintes (maisons clandestines)

Vichy

Arles (mesures énergiques réclamées par les familles)

Cognac

Mortagne

Laigle

Mourmelon-le-Grand

Clermont-l'Hérault

Saint-Marcellin (offenses aux bonnes mœurs et danger pour la salubrité publique)

La Turbie

III. *Le temps ou l'expérience a démontré l'insuffisance des mesures prises jusqu'à ce jour.*

Bordeaux

Toulouse

Amiens

Angers

Calais

Montpellier

Angoulème (maisons clandestines)

Caen (garnis)

Besançon (circulation des filles — scandales)

Orléans

Poitiers (stationnement dans les rues)

Valence

Laval

Douai

Compiègne (scandale sur la voie publique)

Abbeville

Montélimar (nécessité d'une surveillance plus rigoureuse)

Aix

Mont-de-Marsan

Givet
Montbéliard (plaintes)
Péronne
Gien (plaintes au sujet de désordres)
Brive (garnis)
Thouars
Embrun
Cavaillon

IV. *Accroissement des maladies.*

Auch (mieux prévenir les maladies syphilitiques qui paraissent prendre
    plus d'intensité)
Alais (dangers croissants pour la santé des citoyens)
Carmaux (la propagation des maladies contagieuses a pris de telles
    proportions.........)
Embrun (la santé publique est insuffisamment protégée)

**B) Localités où la prostitution fait pour la première fois l'objet
    d'un règlement motivé par le relâchement des mœurs ou
    l'apparition de la prostitution.**

Pont-l'Évêque (la population s'émeut de certains désordres occa-
    sionnés par les femmes de mauvaise vie)
Marennes (augmentation de la prostitution)
Vire
Ribérac (présence de femmes étrangères à la ville — conduite scan-
    daleuse)
Tergnier (plusieurs femmes et filles se livrent à la prostitution)
Saint-Rémy
Mallemort   } (plainte des habitants et prostitution clandestine)
Miramas
Noyon (installation d'une garnison)
Saint-Laurent (*interdiction* de la prostitution pour défendre la com-
    mune contre les prostituées de Mâcon qui viennent s'installer
    à Saint-Laurent)
Montceau-les-Mines (la prostitution prend des proportions considérables
    — le racolage sur la voie publique se développe : nombreuses
    plaintes des habitants : danger pour la santé publique)

Le rajeunissement des règlements sur les mœurs est intéressant à plusieurs points de vue. Il montre que la prostitution est l'objet de vives préoccupations de la part des municipalités et traduit le souci constant qu'elles ont de combattre le développement très intense de la prostitution clandestine, comme de mieux défendre la santé publique.

Si nous insistons sur l'importance du nombre des règlements nouveaux, c'est que le fait offre une particularité remarquable. On aurait pu penser que, comme en tant d'autres matières, la réglementation urbaine concernant la prostitution remontait à des dates fort anciennes : que par inertie, par aversion ou par crainte des difficultés inhérentes à cette police, les municipalités se seraient abstenues d'user de leurs pouvoirs ou d'innover. L'enquête établit le contraire et fait ressortir le zèle et l'activité, sans cesse en éveil sur cet objet, des municipalités.

Il n'eût pas été inutile de relever la date des divers règlements intervenus depuis la période moderne et de faire ressortir avec précision l'époque à partir de laquelle la réglementation s'est généralisée, ainsi que les influences qui ont poussé les maires à entrer dans cette voie.

Cette recherche sera ultérieurement poursuivie.

Dans tous les cas, on peut avancer qu'aucun des arrêtés étudiés ne contient de références *à des règlements antérieurs à 1789* et que l'article 484 du Code pénal ne semble pas avoir trouvé son application en ce qui concerne les Départements.

III. — VISAS

Le relevé et l'examen des visas contenus dans les règlements présentent une grande importance puisque ces visas constituent le fondement présumé de la légalité des arrêtés et qu'ils traduisent la conception des municipalités sur l'origine et la base de leurs pouvoirs.

Bien que l'énumération des visas soit un peu longue, elle paraît indispensable.

Nous la donnons ci-dessous, en observant, non pas l'ordre

chronologique des textes, mais l'ordre résultant de la fréquence des visas rencontrés dans les règlements.

1° Loi des 19-22 juillet 1791, portant organisation d'une police municipale et correctionnelle. . . . . visée par 302 règlements.

2° Loi organique du 5 avril 1884 (art. 91, 92 et 97). . . . . 270 id.

3° Loi des 16-24 août 1790 sur l'organisation judiciaire. . . . . 244 id.

4° Code pénal, articles 269 et suivants, 330 et suivants, 471 et 475 . . . . 216 id.

5° Loi des 14-22 décembre 1789 sur la constitution des municipalités — Art. 50, *qui range parmi les pouvoirs propres du pouvoir municipal, la fonction de faire jouir les habitants des avantages d'une bonne police, notamment de la propreté, de la salubrité et de la tranquillité dans les lieux et édifices publics* . . . . 157 id.

6° Arrêté du Gouvernement du 5 brumaire an IX qui détermine les fonctions des Commissaires Généraux de police — Art. 8, *les chargeant de la surveillance des maisons de débauche et de ceux qui les fréquentent.* . . . . 145 id.

7° Loi municipale du 18 juillet 1837 . 148 id.

8° Décret impérial du 23 fructidor an XIII sur les commissaires généraux de police — Art. 2, *les chargeant de l'exécution des lois sur la mendicité et le vagabondage et les gens sans aveu.* . . . . . 71 id.

4

9° Loi du 10 juillet 1791 concernant la
conservation et le classement des
places de guerre et postes militaires,
la police des fortifications et autres
objets y relatifs.
Titre 3, art. 52 — *Arrestation des
filles trouvées dans les quartiers.* . . . . visée par 43 règlements.

10° Décret du 24 vendémiaire an II édictant des mesures pour l'extinction
de la mendicité.
Titre 3, art. 8. *Transfert des femmes
vénériennes dans les maisons de santé.* . 32 id.

11° Instructions du Directeur général
de la Police du royaume en date du
17 octobre 1814 et du Ministre de
l'Intérieur en date du 28 août 1833
sur les limites de la tolérance que
l'autorité est forcée d'accorder à
l'existence des maisons publiques. . 32 et 30 id.

12° Arrêté des Consuls du 12 messidor
an VIII sur les attributions de la
Préfecture de Police, art. 23. . . . 31 id.

13° Décret du 10 vendémiaire an IV sur
la police intérieure des communes.
Titre 3, art. 7, *relatif aux vagabonds
et gens sans aveu* . . . . 15 id.

14° Loi du 28 pluviôse an VIII sur la
division du territoire et de l'administration . . . . 13 id.

15° Code civil, art. 1384, sur la responsabilité des dommages causés par le
fait des personnes dont on doit
répondre ou des choses que l'on a
sous sa garde. . . . . 12 id.

16° Loi du 5 mai 1855 sur l'organisation
municipale . . . . visée par   10 règlements.

17° Ordonnance du 6 novembre 1788
concernant les femmes et filles de
débauche.   9   id.

18° Loi du 24 juillet 1867 sur les Con-
seillers municipaux   6   id.
Lois des 2 pluviôse an IX (Le maire
seul sera chargé de l'Administration:...), 18 novembre 1814.
Ordonnance du 29 octobre 1820 sur
le service de la gendarmerie .

Cette énumération est curieuse à plus d'un titre et d'autant que
les visas touffus de textes anciens se retrouvent dans des arrêtés de
date récente.

Rien ne saurait mieux trahir les incertitudes et les hésitations
des municipalités sur le fondement de leurs pouvoirs que cette variété
et cette accumulation de visas encombrant le préambule de leurs
règlements.

Cependant, il ne conviendrait pas d'en tirer trop argument pour
soutenir la fragilité des réglementations, car la multiplicité des visas
est très fréquente dans les arrêtés des maires qui souvent suivent les
errements de leurs prédécesseurs et reproduisent, sans y prendre
garde, des références à des textes surannés ou expressément abrogés,
ou même qui ne s'adaptent pas exactement aux objets réglementés.

Sous cette réserve, on doit reconnaître que les maires éprouvent
un certain embarras pour la recherche de la base légale de leurs
arrêtés, embarras qui tient autant à l'absence de textes nettement
applicables qu'au caractère délicat des prescriptions touchant aux
mœurs.

Sans vouloir épuiser l'examen des droits et attributions des
maires en pareille matière, il semble impossible cependant de ne pas
procéder à une discussion assez approfondie de la question, puisque

la critique des textes ci-dessus énumérés rentre nécessairement dans le cadre de cette étude, et qu'elle en constitue l'une des parties principales.

Les textes le plus souvent invoqués, et de beaucoup, sont les lois des 19-22 juillet 1791, des 16-24 août 1790, 5 avril 1884 et les articles 269 et suivants, 330, 471 et 475 du Code pénal.

Laissant de côté pour l'instant la loi municipale de 1884, nous rechercherons les dispositions visées particulièrement dans les lois de 1791 et de 1790 et la valeur de ces visas.

Loi de 1791 — On s'appuie sur les articles 5, 10 et 46 du titre 1er et même sur l'article 8 du titre II.

L'article 5 a trait à l'obligation pour les aubergistes et logeurs d'inscrire sur un registre les noms de ceux qui couchent dans ces établissements.

L'article 10, § 2, confère aux officiers de police le droit d'entrer en tout temps dans les lieux livrés notoirement à la débauche.

L'article 46 reconnaît aux municipalités le droit de faire des règlements sur les objets confiés à leur vigilance et à leur autorité.

Enfin, l'article 8 du titre II permet l'arrestation immédiate de ceux qui sont prévenus d'avoir favorisé la débauche ou d'avoir corrompu des jeunes gens de l'un ou de l'autre sexe.

Les visas des articles 5 et 46 sont surannés.

Les prescriptions relatives aux aubergistes et logeurs se trouvent contenues aujourd'hui dans l'article 475, n° 2, du Code pénal et c'est actuellement de la loi municipale de 1884 (art. 94) que les municipalités tirent le droit de faire des règlements.

A la vérité, l'autorité judiciaire continue, en dépit de la loi de 1884, à viser dans ses décisions l'article 46 de la loi de 1791. Mais, elle y est tenue par le motif que, faisant application de l'art. 471, n° 15, du Code pénal, elle doit en rappeler le texte qui, précisément en raison de la date à laquelle il est intervenu, contient une référence à la loi de 1791.

L'article 10, § 2, est à bon droit invoqué et ce texte, toujours en vigueur, n'est pas sans prix. On aurait pu y ajouter le décret du

24 septembre 1792 par lequel la Convention déclare « que les lois de police qui autorisent la visite dans les maisons de jeu et de débauche, la nuit comme le jour, subsistent dans leur intégrité et qu'il n'est pas besoin, pour les maintenir, de déroger au décret de l'Assemblée Nationale législative qui défend les visites domiciliaires pendant la nuit ».

Il ne semblerait pas fondé d'opposer à ces textes le § 2 de l'article 96 de la Constituante du 22 frimaire an VIII qui ne permet à la gendarmerie de pénétrer, la nuit, dans un domicile qu'en cas d'incendie, d'inondation ou de réclamation venant de l'intérieur de la maison. L'arrêté du 5 brumaire an IX (art. 8) atteste, en effet, que les dispositions de la loi de 1791 relatives aux maisons de débauche subsistent en entier, et comme on ne rencontre plus, semble-t-il, de dispositions relatives à ces maisons dans les lois et décrets postérieurs, non plus que dans le Code pénal, il est bien certain que le texte de 1791 n'est pas abrogé.

D'ailleurs, on doit présumer que les rédacteurs du Code pénal se référaient à cette loi quand, dans l'exposé des motifs de l'article 484, ils déclaraient que les lois et règlements maintenus par cet article concernaient notamment la police des maisons de *débauche* et de *jeu* non réglées par le Code.

Une confirmation plus récente de la vigueur persistante de la loi de 1791 peut encore être tirée des ordonnance et décret du 29 octobre 1820 et du 1er mars 1854 sur le service de la gendarmerie et qui reconnaissent à l'agent de la force publique le droit de pénétrer pendant la nuit dans les auberges, cabarets et *tous autres logis* ouverts au public jusqu'à l'heure réglementaire de fermeture de ces lieux.

Quant à l'article 8 du titre 2 s'il pouvait être invoqué utilement à l'appui des prescriptions réglementaires visant les mœurs, nous posséderions un texte d'une haute importance, puisqu'il érigerait la prostitution en délit punissable d'une année de prison.

Mais il n'y a pas de doute à concevoir à ce sujet : l'article 8 ne vise pas la prostitution dont la police est du ressort de l'autorité municipale, ainsi que le porte expressément le message du Directoire exécutif au Conseil des Cinq cents en date du 17 nivôse an IV. Il est même abrogé et remplacé par l'article 334 du Code pénal.

En résumé, on ne saurait trouver dans la loi du 19-22 juillet 1791 un point d'appui que sur l'article 10, qui, d'ailleurs, n'est utile qu'à l'égard des droits de la surveillance policière et ne fournit aucune base au pouvoir de réglementation des maires.

224 maires ont également visé la loi des 16-24 août 1790 sur l'organisation judiciaire et spécialement l'article 3 du Titre XI de cette loi qui énumère les objets de police confiés à la vigilance et à l'autorité des corps municipaux. Si, suivant toute vraisemblance, c'est bien cette loi qui contient le germe des droits des maires concernant la police des mœurs, du moins est-il inutile de l'invoquer aujourd'hui, puisque l'article 3 est expressément abrogé par l'article 168 de la loi municipale de 1884. L'examen réservé de cette loi fera ressortir le parti qui peut être tiré des dispositions empruntées presque en totalité à la loi de 1790, en faveur du pouvoir municipal au regard de la prostitution et de ses conséquences.

Nous dirons peu de chose sur l'utilité des visas de nombreux articles du Code Pénal. S'il est rationnel que les maires rappellent les sanctions pénales attachées par la loi à la violation des prescriptions qu'ils édictent, c'est-à-dire principalement les sanctions prévues par l'article 471, n° 15, on comprend moins les motifs qui les entraînent à faire mention des articles 330 et suivants qui punissent les crimes et délits d'outrage public à la pudeur et d'attentats aux mœurs dont les maires n'ont pas à s'occuper par voie réglementaire.

La menace des peines prononcées par le Code (269 et suiv.) contre les vagabonds et gens sans aveu dans certaines conditions déterminées serait moins insolite par le motif que les municipalités semblent s'être efforcées d'établir un lien entre les prostituées et les gens sans aveu au sens très large ou mieux très vague, donné à cette qualification par les nombreuses lois de la Révolution touchant la mendicité et la sécurité intérieure.

Ce point de la question comporterait un développement assez intéressant, mais qui ne trouve pas sa place dans notre étude sommaire. Nous nous bornerons à faire remarquer que, dans notre opinion, le vagabondage, tel qu'il est défini par le Code, a un caractère spécial qui ne permet guère de le viser avec profit dans une réglementation municipale sur la police des mœurs, surtout si l'on admet que la prostituée exerce un *métier*.

Nous ne saurions consacrer le même développement à l'examen successif de chacun des visas énoncés en tête de ce chapitre. Aussi bien, il y aurait peu d'avantages à retirer d'une discussion détaillée sur la valeur de tous les textes cités.

Passant donc rapidement en revue quelques-uns des visas dignes de retenir notre attention, nous n'insisterons que sur deux points dont l'importance ne paraîtra pas contestable.

Sans parler autrement des textes abrogés, nous nous bornerons à les citer: loi du 18 juillet 1837, loi du 5 mai 1855, loi du 24 juillet 1867, ordonnance du 29 octobre 1820, sur le service de la gendarmerie, etc.

Il est sans intérêt de viser ou de ne pas viser l'article 50 de la loi des 14-22 décembre 1789 sur la constitution des municipalités, comme le font encore 157 règlements en vigueur. Cet article 50, qui énumère les pouvoirs *propres* du maire par opposition aux pouvoirs *délégués*, n'a plus qu'une valeur doctrinale.

A la vérité, le 5e paragraphe de cet article contient une disposition qui pourrait justifier un visa: « *La fonction propre du pouvoir municipal est de faire jouir les habitants des avantages d'une bonne police, notamment de la propreté, de la salubrité, de la santé et de la tranquillité dans les rues, lieux et édifices publics* ». Mais toutes les conséquences du principe énoncé dans ce paragraphe sont développées dans la loi postérieure des 16-24 août 1790, qui, pendant longtemps, fut la loi fondamentale des pouvoirs municipaux et qui, aujourd'hui, est elle-même remplacée par la loi de 1884 contenant une codification complète des droits et devoirs des maires.

Les arrêtés municipaux ne sauraient puiser aucune force dans l'ordonnance du 6 novembre 1778 visée dans plusieurs règlements, par le motif que cette ordonnance spéciale au ressort de l'ancien Châtelet à Paris n'est pas applicable aux départements.

Un certain nombre de maires ont cherché à justifier leurs

prescriptions en tentant d'établir que les femmes ou filles notoirement connues pour mener une vie de débauche se plaçaient, par cela même, dans un cas exceptionnel et en dehors du droit commun : que, conséquemment, il était licite d'édicter à leur égard des mesures qui, visant d'autres personnes, eussent été entachées d'arbitraire. Ces maires ont cru trouver dans deux textes : l'article 52 du titre 3 de la loi du 10 juillet 1791 et l'article 10 précité de la loi des 19-22 juillet de la même année, la preuve manifeste que le législateur avait entendu placer, dans une certaine mesure, ces femmes et filles hors la loi commune. Il serait superflu de rappeler le texte de l'article 10 que nous avons amplement commenté (v. p 28); mais il convient de faire connaître l'objet de la loi du 10 juillet et la disposition invoquée de l'article 52.

Cette loi concerne, suivant son intitulé, la conservation et le classement des places de guerre et postes militaires, ainsi que la police des fortifications et objets y relatifs. Et l'article 52 du Titre III est ainsi conçu : « *Toutes femmes ou filles notoirement connues pour mener une vie de débauche, qui seront surprises avec les soldats dans leurs quartiers, lorsqu'ils seront en service ou après la retraite militaire, seront arrêtées et remises sans délai à la police civile pour être jugées conformément aux lois* ».

La déduction tentée par ce rapprochement de textes est tout au moins spécieuse, et il semble difficile d'inférer de l'article 52, qui vise une infraction à des règlements militaires par une catégorie de personnes, que, par cela même, la loi de 1791 les rangeait à *part* et leur refusait les mêmes garanties que celles reconnues pour la généralité des citoyens.

Comment, d'ailleurs, soutenir qu'au lendemain de la Déclaration des Droits, le législateur ait pu concevoir la pensée d'infliger une telle « *capitis diminutio* » à n'importe qui, fût-ce même à des femmes de mauvaises mœurs et alors qu'elles jouissaient pour la première fois d'une entière liberté !

Si un Ministre de l'Intérieur a pu dire en 1833 que, sous un régime constitutionnel, il ne pouvait être admis que les filles publiques fussent, par le seul fait de leur prostitution, hors du droit commun, comme elles l'étaient aux termes des anciennes ordonnances ; *a fortiori* cette idée rentrait-elle dans la conception des auteurs de la loi de 1791.

C'est donc à tort que les textes ci-dessus sont invoqués et qu'on leur attribue un sens qu'ils ne sauraient avoir. Mais si les justifications tentées par les maires sont inutiles et même dangereuses, il n'en reste pas moins vrai que ces magistrats sont fondés, ainsi qu'on l'établira plus loin, à assujettir les prostituées aux règlements de police que comporte leur profession.

Nous ne pouvons passer sous silence le visa de deux textes associés dans plusieurs règlements même récents et qui est généralement conçu ainsi qu'il suit : *Vu l'article 8 du Titre III du décret du 24 vendémiaire an II, et l'article 23 de l'arrêté des Consuls du 12 messidor an VIII, qui permettent de séquestrer les vénériens dans les hôpitaux ouverts à cet effet.*

Remarquons d'abord que l'arrêté de messidor n'a pas une portée générale et qu'il n'est d'aucune utilité pour les administrations municipales, puisqu'il détermine exclusivement les fonctions du Préfet de Police à Paris; qu'au surplus, l'article 23 ne contient pas de disposition catégorique sur la séquestration des vénériens et qu'il est dit simplement que le Préfet assurera la salubrité de la cité en prenant des mesures pour prévenir et arrêter les épidémies, les épizooties et les maladies contagieuses.

Quant au décret de l'an II, bien que relatif à l'extinction de la mendicité, il mérite de retenir l'attention. L'article 8, en effet, du titre 3 porte « *que les personnes* **détenues pour maladies vénériennes** *seront renvoyées, aux frais de la nation, dans les maisons de santé établies d'après les bases de l'organisation générale des secours publics.*»

Est-ce que, par bonheur, on serait mis sur la trace de textes explicites, à l'abri de toute controverse, armant l'autorité publique ou le pouvoir municipal contre les dangers de la prostitution?

Est-ce qu'il serait permis d'inférer des dispositions de cet article 8 que, durant les premières années de la Révolution, ceux qui étaient atteints de maladies vénériennes, ou même seulement les prostituées contaminées, étaient traitées comme des coupables et emprisonnées

5

jusqu'à complète guérison; d'un autre côté, que, à partir de l'an II, ces mêmes malades continuèrent à être privés de leur liberté, mais que, par humanité, ils furent transférés dans des hôpitaux?

Si ces hypothèses étaient vraies, elles concorderaient fort peu avec ce que nous savons sur le régime de la prostitution après la chute de l'ancien régime; elles impliqueraient l'existence d'un service des mœurs rigoureux, de l'inscription et partant d'un contrôle sanitaire. Tout cela est invraisemblable dans l'état de complète anarchie des nouvelles municipalités au début de la période moderne signalée par tous les historiens.

Pourtant, le texte est clair et il porte bien les mots: *détenus pour maladie vénérienne,* comme l'article précédent portait que les personnes enfermées pour cause de *démence* seront transférées dans les nouvelles maisons de *répression.*

Ce n'est donc pas tout à fait sans une apparence de raison, qu'on invoquerait l'article 8 pour prétendre que le droit d'interner dans un hôpital des prostituées reconnues malades, découle de la loi de l'an II. Mais l'argument ne serait décisif, qu'autant qu'on s'appuierait tout d'abord sur l'acte législatif qui aurait édicté des peines contre les vénériens et en vertu duquel ceux-ci se trouvaient légalement détenus en l'an II, acte qui n'est pas rappelé par le décret de vendémiaire et dont on ne trouve aucune trace dans le recueil des lois et décrets de la période 1789 à l'an II.

Considéré et invoqué isolément, l'article 8, qui, en somme, ne révélait qu'une situation de fait (1), n'a pas la force organique qu'on y a cherché. Au surplus, nous pensons que les articles du Titre III de l'an II sont abrogés depuis longtemps pour maintes raisons dont l'exposé nous conduirait trop loin, et qu'il faut chercher ailleurs la justification des mesures coercitives imaginées pour contraindre les filles publiques à subir le traitement qu'exige leur état.

_____

(1) Il se pourrait que les vénériens visés par le décret de vendémiaire aient été incarcérés par ordre de la ville de Paris, car l'autorité municipale de l'époque se montrait vivement émue des excès et du développement de la prostitution et à ce point qu'elle prit 4 mois après (21 nivôse, an 2) un arrêté **prohibant** la prostitution et prononçant le *bannissement des prostituées.*

De tout ce qui précède doit ressortir l'impression et même la certitude que les municipalités ont tenté un effort passablement stérile pour étayer solidement leurs arrêtés sur des textes formels. C'est en vain, il faut le reconnaître, qu'on chercherait dans l'arsenal, pourtant formidable, des lois de la période moderne, les textes nettement applicables à la prostitution, la définissant, la déclarant illicite ou tolérée, sous certaines conditions, la plaçant sous une autorité déterminée, réglant son exercice, énumérant toutes les mesures qu'il est permis de prendre pour la restreindre ou la rendre la moins nocive possible. Il n'y a rien de semblable dans nos Codes; et, pour bien des raisons, une pareille entreprise rencontrait des obstacles jugés jusqu'ici insurmontables.

Est-ce à dire que le système réglementariste français est illégalement pratiqué et que tous ces nombreux arrêtés municipaux dont nous avons donné l'énumération sont entachés du plus pur arbitraire comme d'aucuns le prétendent? Nous ne le croyons pas et nous espérons démontrer que les maires ont usé d'un pouvoir incontestable.

Nous soutenons que la base légale de la réglementation de la prostitution réside tout entière aujourd'hui dans la loi du 5 avril 1884 et qu'il n'est pas nécessaire de viser d'autres lois dans les arrêtés municipaux.

Nous en trouverons la preuve dans les articles 91, 94, 95 et 97 dont les dispositions peuvent être résumées ainsi qu'il suit:

Le maire est chargé de la police municipale (art. 91).

Il a le droit de prendre des arrêtés permanents ou temporaires pour ordonner les mesures locales sur les objets confiés à sa vigilance et à son autorité (art. 94 et 95).

Il doit, par-dessus tout, assurer le bon ordre, la sûreté et la salubrité publiques (art. 97).

Le simple énoncé de ces attributions municipales suffit à en faire ressortir l'étendue: elles sont presque sans limites: elles ne rencontrent d'obstacles que quand leur exercice fait gravement échec et sans motifs impérieux aux droits supérieurs garantis à la liberté individuelle et à la propriété ou viole une loi formelle.

. Toutes les fois que les intérêts de l'ordre, de la sûreté et de la salubrité publiques seront en cause, le droit de réglementation des maires *est sans limite*, déclarait M. Peulevey, lors de la discussion de la loi (séance du 26 février 1883). La Chambre des Députés se ralliait à cet avis et ajoutait au texte de l'article 97 énumérant les objets de la police municipale, le mot *notamment*, pour bien marquer que l'énumération, pourtant fort large, contenue dans les numéros 1 à 8 du dit article n'était qu'indicative.

C'est, d'ailleurs, la même préoccupation qui explique l'addition au texte de l'article 3 de la loi des 16-24 août 1790 reproduit dans le n° 2 de l'article 97 du dernier membre de phrase de ce paragraphe. Le maire est chargé de réprimer non seulement les rixes, les disputes provoquant des ameutements dans les rues, le tumulte dans les réunions publiques, les attroupements, les bruits nocturnes, *mais encore*, dit l'article *in fine, tous actes de nature à compromettre la tranquillité publique.*

Sans doute, la loi ne parle pas spécialement des mœurs et la prostitution n'est pas nommément visée dans l'article 97 ; mais l'argument qu'on tire, de ce silence des textes a bien peu de force, car la réglementation municipale s'applique à des milliers d'objets qui ne sont pas mentionnés dans ledit article.

Toute la question est de savoir si la prostitution est un métier inoffensif ; si elle est susceptible de causer un scandale public : si, à raison de leur turpitude, de leur dépression morale, ces professionnelles ne constituent pas un danger éventuel, permanent pour la sécurité et le bon ordre de la cité.

Poser la question, c'est la résoudre sans hésitation par l'affirmative, et, dès lors, l'intervention municipale s'exerce à bon droit et par application de l'article 97 de la loi de 1884. Le maire apprécie souverainement ce qu'il convient de prescrire pour la défense des intérêts matériels et moraux de la collectivité dont il est le mandataire, comme aussi pour le respect des lois qui sont la sauvegarde de la société.

Si les préoccupations d'ordre sanitaire doivent occuper une place prépondérante dans le régime de la réglementation, elles ne sont pas les seules et beaucoup d'autres d'ordre tout différent, mais non moins graves, incitent le pouvoir municipal à user de ses pouvoirs.

L'inscription volontaire ou d'office d'une femme sur le registre des mœurs peut froisser d'honorables susceptibilités, mais elle rentre dans la catégorie des mesures que le maire peut prescrire, parce qu'elle semble constituer le seul moyen de parvenir au contrôle sanitaire qu'exige, pour la défense de la santé publique, l'exercice d'un métier essentiellement périlleux, anormal, exceptionnel, qui comporte des contacts quotidiens multipliés et qui expose, par conséquent, à des contagions innombrables.

Mais il importe de corroborer aussitôt les assertions ci-dessus.

Il est rappelé que l'interprétation des pouvoirs municipaux appartient, en dernière analyse, aux Tribunaux ordinaires chargés de prononcer les peines attachées aux contraventions et qui ont le droit, aux termes de l'article 471, n° 15, du Code pénal, d'apprécier la *légalité des règlements faits par l'autorité administrative*. C'est donc dans la jurisprudence judiciaire qu'il convient de rechercher la vraie doctrine, sur la portée des articles précités de la loi municipale qui ne sont, d'ailleurs, que la reproduction des diverses dispositions antérieurement en vigueur, telles que celles des lois des 16-24 août 1790 et 19-22 juillet 1791.

Or, cette doctrine entièrement conforme à celle que nous avons exposée est affirmée sans défaillance, depuis une date fort éloignée, par les nombreux arrêts de la Cour de Cassation ci-après, choisis parmi tant d'autres.

La police sur les maisons de débauche, ainsi que sur les femmes qui s'abandonnent à la prostitution, intéresse expressément le maintien du repos, de l'ordre et de la tranquillité publique.

Elle exige non seulement des dispositions spéciales dans l'intérêt de la sécurité et de la morale, mais encore des mesures particulières concernant l'hygiène publique.

Sur chacun de ces rapports, cette matière rentre dans les objets confiés à la vigilance et à l'autorité des corps municipaux (Arrêts des 3 décembre 1847 et 28 septembre 1849).

L'autorité municipale est *seule juge* des conditions sous lesquelles la prostitution peut être tolérée (Arrêt du 18 février 1860).

L'autorité municipale a le droit de prendre des mesures pour empêcher la prostitution clandestine et, notamment, d'ordonner l'inscription d'office sur les registres de police (3 décembre 1847 et 14 novembre 1861).

La prescription relative à la visite sanitaire est obligatoire pour l'inscrite et légale (A. 24 novembre 1862).

L'inscription soumet légalement l'inscrite à toutes les mesures sanitaires prescrites par un arrêté municipal (A. 22 avril 1898).

Est légal l'arrêté qui ordonne l'inscription sur les registres de la prostitution et soumet l'inscrite à certaines prescriptions dans l'intérêt de la santé publique (29 juillet 1898).

Le pouvoir municipal tient des lois de son institution le droit de veiller au maintien de la sûreté, de la tranquillité et du bon ordre dans les lieux publics et d'ordonner les précautions locales sur les objets confiés à sa vigilance.

Il résulte de là, pour les maires, le droit de surveiller et de réglementer la prostitution (30 novembre 1861).

Le respect de la décence et des mœurs est la première garantie du bon ordre et le soin confié à l'autorité municipale de veiller à la sûreté de la voie publique lui donne nécessairement le droit de prendre toutes les mesures qu'elle juge convenables pour l'assurer sous ce rapport, comme la défense de racoler, de stationner ou de circuler sur les voies publiques (A. 23 avril 1842 et 17 novembre 1866).

La lecture de ces décisions de la Cour suprême ne doit, semble-t-il, laisser subsister aucun doute sur la légalité et l'étendue du pouvoir municipal en matière de prostitution et tout commentaire de ces arrêts, nombreux et variés, en affaiblirait la portée.

. Nous n'avons pas à discuter sur le point de savoir si les pouvoirs municipaux sont ou non exorbitants; si l'usage qui en est fait au regard de la prostitution et de la prophylaxie est abusif ou sans profit réel pour la santé publique; s'il y a antinomie entre ces pouvoirs et certains droits naturels intangibles: notre tâche, beaucoup plus modeste, consiste simplement pour l'instant dans l'exposé et l'examen critique de la réglementation en vigueur au point de vue de sa valeur légale. Et avec la Cour suprême qui, en pareille matière, dit le droit et fixe la doctrine, nous sommes fondés à soutenir qu'il rentre certainement dans les pouvoirs du maire d'édicter des règlements de police concernant la prostitution, comme tous autres règlements qui tendent à sauvegarder les intérêts de l'ordre, de la tranquillité et de la salubrité publique.

IV. — CONSIDÉRANTS

Les considérants sont le corollaire obligé des visas qui indiquent la source où les maires ont cru trouver le droit d'édicter les prescriptions de leurs arrêtés.

Ils contiennent la justification, tant des textes invoqués que des mesures dont le règlement va être l'objet et ils présentent cet intérêt particulier, de révéler les préoccupations municipales à diverses époques et la conception que les maires ont eue de leur mission, au regard des mœurs publiques ou des dangers auxquels il importerait plus particulièrement de parer.

L'étude de ces considérants, leur classement méthodique, leur interprétation a présenté les plus grandes difficultées en raison de leur nombre et de leur diversité et aussi par le motif que nous ne possédons pas encore le texte des anciens règlements peu à peu transformés sous l'empire d'idées ou de besoins nouveaux, de certaines impulsions, du progrès réalisé par les lois et par la jurisprudence en ce qui touche la définition et l'étendue des pouvoirs municipaux.

Nous avions conçu l'espoir d'être guidés dans cette étude par les instructions ministérielles qui, à toute époque, ont tracé aux municipalités une ligne de conduite sur la plupart des objets confiés à leur vigilance et à leur autorité.

Mais c'est en vain que fut fouillé l'immense répertoire des circulaires ministérielles recueillies depuis François de Neufchâteau : il ne contient aucune instruction touchant la police des mœurs, le fondement du droit des maires et la nécessité de généraliser les diverses mesures prises dans certaines localités à l'égard des prostituées et des maisons de tolérance (1).

---

(1) La circulaire du 23 avril 1839 citée et rapportée plus haut à la page 5 et 6 n'a pas été insérée dans le *Bulletin du Ministère de l'Intérieur*. Elle ne contient pas d'ailleurs d'intructions propres à guider les municipalités dans la rédaction de leurs règlements.

Cette abstention de l'autorité supérieure, du pouvoir suprême de tutelle et de direction des municipalités méritait d'être signalée. Doit-elle être attribuée à des incertitudes de doctrine, à une certaine répugnance du sujet à traiter ou à toute autre cause? Réduits à des conjectures, nous ne pouvons que constater le fait dont la singularité est frappante.

La lecture des règlements avait pourtant permis d'espérer que de précieuses indications se trouveraient dans une instruction ministérielle qui semblait marquer le point de départ d'une impulsion suivie par les municipalités. On rencontrait, en effet, dans un assez grand nombre d'arrêtés anciens et récents le visa suivant:

« Vu l'instruction de M. le Directeur général de la Police du royaume en date du 17 octobre 1814 et celle de M. le Ministre de l'Intérieur du 28 août 1833, sur les limites de la tolérance que l'autorité est forcée d'accorder à l'existence des maisons publiques de débauche. »

Qu'était donc cette instruction ministérielle, la seule invoquée, même aujourd'hui par les municipalités? Il fallait à tout prix découvrir le document précieux. A cet effet, divers Préfets furent priés de faire effectuer dans les archives de leurs préfectures, les recherches les plus minutieuses; mais tous répondirent qu'elles étaient demeurées infructueuses, malgré le soin apporté pour aboutir au résultat souhaité. Cependant, le hasard favorisa une nouvelle tentative et le Préfet du du Rhône transmit enfin les textes introuvables et sans doute inconnus de la plupart des maires qui s'y réfèrent encore en toute confiance.

Les documents qualifiés un peu abusivement d'instructions, et qui ont servi de point d'appui aux réglementations municipales depuis 1834, ne sont pas des circulaires, mais seulement des lettres adressées, en réponse à ses demandes d'avis, au maire de Lyon par les comtes Beugnot et d'Argout.

Il est indispensable de reproduire ces lettres *in extenso* à raison du parti qui en a été tiré pour le libellé de considérants-types dont il sera parlé plus loin.

1° Lettre du Directeur général de la Police du royaume à M. le Maire de Lyon.

« Paris, le 17 octobre 1814.

« Vous m'avez fait l'honneur de m'écrire le 7 de ce mois M. le Maire, pour me consulter relativement au droit que vous pouvez avoir de faire fermer une maison de débauche que l'on a établie à Lyon sur la place des Célestins.

« Les lois civiles n'autorisent ni ne protègent les établissements de prostitution. On les tolère dans les villes populeuses *pour éviter un plus grand mal*; et c'est à cette considération seule que les maisons de tolérance doivent leur existence.

« Il suit de ce principe, que l'autorité administrative a le droit de désigner les rues et les quartiers où il peut exister des établissements de cette nature ainsi que ceux où il est interdit d'en former en raison du respect dû aux mœurs publiques et du maintien de l'ordre.

« L'autorité municipale a pareillement le droit de faire, relativement à ces maisons, tous les règlements qu'elle juge nécessaires ou simplement utiles. Elle peut ordonner la fermeture, lorsqu'elles compromettent la tranquillité publique, *punir administrativement les femmes de mauvaise vie qui y donnent lieu par leur conduite* et les soumettre au régime que des considérations de santé publique peuvent exiger.

« Signé: C. BEUGNOT. »

Lettre du Ministre de l'Intérieur et des Cultes à M. le Préfet du Rhône.

« Paris, le 28 août 1833.

« Monsieur le Préfet, en me transmettant le 21 du courant une lettre de M. le Maire de Lyon du 20, accompagnée de la copie d'une instruction de M. le Directeur général de la Police du 17 octobre 1814, relative à la répression des désordres commis par les filles publiques, vous rappelez deux lettres que vous avez adressées à mon prédécesseur, sur ce même sujet, les 26 juin et 18 septembre 1832.

« J'ai pris connaissance, Monsieur, de toutes ces pièces et je réponds aux diverses questions que renferme la lettre de M. le Maire de Lyon.

« Ce fonctionnaire demande: 1° « *Quelles sont les mesures de police que l'autorité doit prendre à l'égard des filles publiques et dans quelles limites elles doivent se renfermer ?* »

« Aux termes des anciennes ordonnances, les filles publiques se trouvaient par le seul fait de leur prostitution, hors du droit commun, mais il ne peut plus en être ainsi sous notre régime constitutionnel.

« Cependant, si l'on ne peut leur appliquer les dispositions des anciens édits, l'autorité civile n'en a pas moins conservé le droit de les soumettre à des règlements de police, tels que le comportent les localités, le maintien de l'ordre et le soin de la santé publique.

« Il importe donc, en cas de maladie, de leur ouvrir un asile où elles puissent être traitées et mises, jusqu'à parfaite guérison, hors d'état de propager le mal dont elles sont atteintes.

« *Mais l'autorité civile ne peut ni les faire punir administrativement, ni les détenir en prison, ni les faire conduire par la gendarmerie aux lieux de leur naissance, à moins qu'elles n'aient été condamnées correctionnellement, conformément à l'article 330 du Code pénal, pour outrage aux mœurs.*

« Dans tous les cas, ce sont les tribunaux qui doivent prononcer et non l'autorité civile dont l'action se borne à faire observer leur conduite, afin de les livrer à la justice, si elles se rendent coupables de quelque délit ou contravention caractérisées. »

2° « *Que doit faire la police dans le cas prévu par l'article 52, titre III, de la loi du 10 juillet 1791 ?* »

« Cet article est relatif aux filles publiques qui seraient surprises avec les soldats dans leurs quartiers, lorsqu'ils sont de service ou après la retraite.

« Il convient, dans ce cas, de les arrêter et les déférer au procureur du roi conformément à la loi. »

3° « *En quoi consiste l'exercice de la surveillance prescrite par l'article 10, titre Ier, de la loi du 29 juillet 1791, et l'article 8* de l'arrêté du 5 brumaire an 9, concernant les lieux de débauche, les personnes qui y résident et celles qui s'y trouvent. »

« A faire visiter périodiquement les filles publiques par des médecins ad hoc, pour s'assurer de leur santé, donner en tout temps aux officiers de police accès dans leurs maisons pour y arrêter les individus qui troubleraient la tranquillité publique ou commettraient d'autres délits. »

4° « Enfin, l'instruction du 17 octobre 1814 du Directeur général de la Police du royaume est-elle annulée par la Charte de 1830 ? »

« Les dispositions de cette lettre n'ont rien de contraire à la Charte, à l'exception de celle qui admet que l'autorité civile peut punir administrativement les filles publiques dans certains cas. Cette faculté ne peut exister aujourd'hui, ainsi qu'il a été dit plus haut, et les tribunaux seuls peuvent infliger les peines encourues.

« Mais l'autorité civile a toujours le droit de désigner les lieux où peuvent être établies des maisons de débauche, ainsi que ceux où il est défendu d'en former; de faire, relativement à ces maisons, tous les règlements qu'elle juge nécessaires ou utiles, et d'en ordonner la fermeture si l'ordre public l'exige.

« Veuillez, Monsieur le Préfet, communiquer ces instructions à M. le Maire de la ville de Lyon, en l'invitant à s'y conformer.

« Agréez, etc.. »

Signé: C. D'ARGOUT.

En dehors de tout commentaire qui ne trouve pas encore ici sa place, il convient de faire deux remarques suggérées par la lecture de ces documents. La première s'applique à l'indication erronée et passablement fantaisiste dans le visa sus-énoncé de l'objet des avis formulés dans les deux lettres administratives. Il s'agit de tout autre chose que « des limites de la tolérance que l'autorité est forcée d'accorder à l'existence des maisons publiques de débauche »; c'est la question tout entière de la police des mœurs qui est traitée en 1833, dans ses grandes lignes, par le Ministre de l'Intérieur.

La seconde remarque a trait, d'une part, à l'insistance du maire de Lyon pour obtenir un avis de principe sur l'étendue de ses pouvoirs en matière de prostitution, insistance qui traduit les incertitudes et les scrupules du magistrat municipal, faute de textes ou d'instructions explicites, et, d'autrepart, le peu d'empressement qu'apporte à se prononcer l'autorité supérieure, sans doute assez perplexe, pour formuler la doctrine administrative sur le sujet proposé.

Jusqu'à plus ample informé, on croit pouvoir avancer que c'est à partir de l'époque où le Ministre de l'Intérieur a exposé cette doctrine que les municipalités sont entrées dans la voie d'une réglementation plus étendue, plus précise et plus fortement motivée. L'autorité supérieure, il est vrai, ne les a pas sollicitées, puisque la lettre ministérielle n'avait pas le caractère d'une instruction générale et qu'au surplus on n'en rencontre nulle part l'insertion. Mais les municipalités ont été incitées à prendre des arrêtés concernant la police des mœurs par la publication d'un règlement type contenu dans un recueil très répandu à cette époque et qui portait le titre de: « *Recensement méthodique des dispositions législatives et réglementaires qui doivent entrer dans la composition des arrêtés de police municipale urbaine et rurale* », publié en 1834 par Miroir, auteur très en vogue du Formulaire municipal, qui eut de nombreuses éditions.

Miroir, qui était secrétaire de la mairie de Grenoble en 1833, et que nous retrouvons peu après rédacteur au Ministère de l'Intérieur, ne paraît avoir proposé son projet de règlement qu'après avoir connu la réponse du Ministre au Maire de Lyon, car ce projet, non plus qu'aucun autre, ne figure à la suite du mot « Prostitution » dans l'édition de 1833 de son grand Formulaire, guide habituel des administrations municipales.

Il y a lieu de supposer que le visa des instructions du Directeur général de la Police et du Ministre de l'Intérieur, suivi immédiatement de considérants habilement rédigés a exercé une influence décisive sur les municipalités.

Sans reproduire *in extenso* ces considérants, il est, néanmoins, nécessaire d'en dégager les idées dominantes:

« La prostitution est le fléau le plus dangereux de la société pour diverses raisons d'ordre moral et aussi parce qu'elle engendre d'affreuses maladies, qui se perpétuent souvent de génération en génération.

« Les maisons de prostitution sont ordinairement les asiles de gens suspects et dangereux.

« Les lois ont toujours placé sous l'autorité et l'étroite surveillance de la police les lieux où s'exerce notoirement la débauche.

« On est obligé de tolérer l'existence des maisons publiques pour éviter un plus grand mal, mais l'autorité municipale peut imposer à ces maisons toutes conditions qu'il lui plaît, puisqu'elle est spécialement chargée du maintien de l'ordre public. »

Pour ne pas allonger davantage notre communication déjà trop développée, nous ne procéderons pas à l'analyse de ces considérants qui aurait mis en relief l'effort tenté pour justifier l'adaptation au règlement des nombreux visas que nous avons passés en revue. D'ailleurs, les liens entre les textes invoqués et les idées ci-dessus développées dans les considérants sont assez apparents pour nous dispenser d'insister.

Beaucoup de maires ont fait de larges emprunts à ces considérants-types et on les retrouve encore tous reproduits *in extenso* dans 26 règlements. Au surplus, la puissance du précédent ou de l'habitude est telle que cette fidèle et intégrale reproduction se rencontre dans des règlements tout récents.

Mais, laissant de côté le document attribué à Miroir et certainement vulgarisé par lui il y a près de 70 ans, nous tenterons de procéder à la classification des considérants existant dans les règlements actuellement en vigueur et d'indiquer les préoccupations qu'ils accusent.

Ce n'est pas tant le souci de la santé publique qui motive la réglementation municipale que le désir de défendre les intérêts de la morale et de la décence publiques. Alors, en effet, qu'on relève 311 considérants visant ces objets, on n'en rencontre que 258 alléguant la nécessité de sauvegarder la santé et l'hygiène; si bien qu'on peut constater que sur 570 règlements, il s'en trouve plus de 45 p. 100, dans lesquels les motifs d'intérêt sanitaire ne sont pas invoqués.

La préoccupation de l'ordre, de la sécurité et de la tranquillité publique tient aussi une place importante dans les règlements puisqu'on relève 212 considérants qui s'y réfèrent.

En dressant l'inventaire chronologique des règlements, nous avons fait ressortir le nombre considérable (220) de ceux qui étaient intervenus dans la dernière période décennale et l'intérêt que présentait cette constatation.

L'examen des considérants ou du texte même de ces règlements nouveaux ou rajeunis atteste que la vigilance de l'autorité municipale a bien été mise en éveil par une aggravation de dangers inhérents à la prostitution.

Nous avons déjà indiqué et nous rappelons les motifs que font valoir les maires à l'appui de leurs nouvelles réglementations :

Accroissement du racolage et de la prostitution entraînant l'obligation d'édicter des mesures plus rigoureuses;

Accroissement de la prostitution clandestine;

Nécessité d'imposer des prescriptions qui n'avaient pas paru jusqu'ici indispensables;

Nécessité de pourvoir la localité d'un règlement en raison du relâchement des mœurs et de l'apparition de la prostitution.

Enfin, on peut relater un certain nombre de règlements qui contiennent des considérants intéressants.

Un maire expose que le souci de la santé publique ne permet pas de repousser plus longtemps la triste innovation de l'ouverture de maisons de tolérance.

D'autres se défendent de vouloir porter atteinte à la liberté et à la propriété, ou manifestent le désir d'apporter plus d'humanité dans leurs prescriptions.

« Sans toucher aux principes du respect de la propriété, de l'inviolabilité du domicile ou de la liberté individuelle, il est du devoir des maires de prendre des mesures nécessaires pour assurer . . . . , etc. . .

« S'il est de l'intérêt public que les femmes prostituées soient rigoureusement surveillées, il est de l'intérêt public aussi qu'il ne soit porté aucune atteinte aux droits de la liberté individuelle qui doivent être respectés dans la personne même de ces malheureuses.»

Ailleurs on lit :

« Si l'autorité municipale a le désir de réprimer avec vigueur
tout ce qui peut porter atteinte aux bonnes mœurs, à la tranquillité
des habitants et à la salubrité publique, en ce qui concerne les prostituées, elle doit tenir compte, dans la mesure du possible, des circonstances qui ont pu occasionner cette situation...., et il faut prévoir des
moyens de répression compatibles avec les devoirs d'humanité,
l'intérêt des familles et les prescriptions de la loi. » (Marseille —
Toulon — Roanne)

Enfin une mention à part doit être réservée à un considérant
qui traduit le généreux espoir d'une humanité améliorée par la
diffusion de l'enseignement et les réformes économiques et dont la
moralité sera telle, que la réglementation n'aura plus d'objet.

« Considérant qu'en attendant que le niveau moral puisse se
relever progressivement par l'influence de la diffusion d'une instruction solide et sérieuse, ainsi que par l'établissement de réformes
sociales fournissant à chacun les moyens d'appliquer ses facultés à
un travail rémunérateur, il est essentiel d'éloigner les mauvais
exemples qui tendent à vicier particulièrement la jeunesse..........
.....que, plus qu'aucun autre Gouvernement, celui de la République
doit combattre le vice sous toutes ses formes. » (Annonay — 1871)

Les développements consacrés à l'examen critique des visas et
à l'étude des considérants, ont projeté, croyons-nous, une lumière
assez vive sur les dispositions d'esprit des municipalités, sur les
divers objets de leurs préoccupations, sur la conception de leurs
devoirs et de leurs droits, pour que vous pressentiez la plupart des
prescriptions réglementaires que nous nous proposons de passer en
revue.

L'exposé qui nous reste à faire, prendrait des proportions déme-
surées, si cédant à l'intérêt du sujet, nous entrions dans une discussion doctrinale sur la valeur légale de chacune de ces prescriptions,
si même, nous tentions l'analyse un peu serrée et passablement délicate des dissemblances rencontrées dans les règlements.

Aussi, avons-nous pensé qu'il suffirait, pour remplir notre tâche actuelle, de dresser, pour ainsi dire, un inventaire raisonné des principales dispositions édictées par les municipalités, d'en tenter le groupement et de faire ressortir les singularités relevées dans quelques arrêtés.

V. — INSCRIPTIONS ET RADIATIONS

Il n'y a pas de surveillance possible de la prostitution et pas de contrôle sérieux sans un enregistrement des femmes prostituées.

Nous dirons ailleurs, comment semble fonctionner en réalité le service de l'inscription et si cet instrument de contrôle est utilisé comme il convient.

On rappelle que l'inscription sur le registre des mœurs peut être faite soit à la requête des femmes qui le demandent spontanément, soit d'office par l'autorité municipale ou le commissaire de police délégué.

Si l'inscription dite *volontaire* ne fait l'objet de prescriptions expresses et n'est visée que dans les règlements de 279 localités, par contre, les règlements de 403 communes, c'est-à-dire de la très grande majorité de celles qui possèdent un service des mœurs, contiennent une disposition imposant l'inscription pour prostitution *notoire*.

La formule rencontrée le plus souvent est ainsi conçue : toute femme qui se livre notoirement à la prostitution *est réputée fille publique* et enregistrée comme telle soit sur sa demande, soit d'office.

Mais un très grand nombre de règlements se bornent à énoncer cette prescription, sans préciser ni définir ce qui constituera la notoriété susceptible d'entraîner de pareilles conséquences.

Cependant, il convient de mettre en relief l'effort qui a été tenté pour exclure tout arbitraire et circonscrire autant que possible l'inscription d'office.

Quelques règlements spécifient : qu'est réputée femme publique, la femme qui a l'habitude d'exciter à la débauche sur la voie et dans les lieux publics.

D'autres, mais en petit nombre, adoptent un criterium un peu diffèrent tiré de l'idée de métier, de moyens d'existence : sont réputées prostituées, les filles ou femmes qui *vivent habituellement* de la prostitution, soit qu'elles habitent dans des maisons spéciales, soit qu'elles aient une demeure particulière et qu'elles soient logées en garni ou dans leurs meubles.

D'autres encore visent les femmes qui *habitent* ou *fréquentent* des lieux de débauche.

Enfin, voici un spécimen intéressant d'une réglementation déterminant, expressément et limitativement, les cas donnant ouverture au droit d'inscription d'office pour prostitution clandestine.

Les dispositions que nous rapportons ci-après se trouvent à peu près uniformément libellées dans les règlements de 32 villes (1) :

« La conviction de la prostitution clandestine résulte d'une enquête constatant une ou plusieurs des circonstances suivantes :

1° La fréquentation habituelle des filles ou femmes soumises ;

2° La rencontre en récidive par des agents dans une maison de débauche ;

3° L'arrestation en récidive sur la voie publique, pour conduite contraire aux bonnes mœurs, comme provocation aux passants, propos et actes licencieux ;

4° L'état de domesticité dans une maison de tolérance ou de prostitution (prévu aussi dans 31 autres règlements) ;

5° La plainte directe de communication du mal vénérien, justifiée par la visite d'un médecin, concernant une fille de mœurs suspectes ou servant comme domestique dans un cabaret ou autre établissement public du même genre (prévu aussi dans 18 autres règlements) ;

6° L'admission sans motifs convenables de plusieurs individus dans le domicile d'une fille ou femme séparée de son mari et n'ayant pas de moyens d'existence connus ;

---

(1) Aix, Angers, Antibes, Avignon, Beauvais, Bellac, Bordeaux, Brest, Cahors, Calais, Carcassonne, Cherbourg, Dôle, La Flèche, La Rochelle, Le Creusot, Le Mans, Mâcon, Magnac-Laval, Mont-de-Marsan, Mourmelon-le-Grand, Nice, Nontron, Ouessant, Perpignan, Rochefort, Saint-Malo, Saint-Mihiel, Stenay, Toulon, Vichy, Voiron.

7° La fréquentation habituelle et sans motifs de commerce autorisé d'un lieu public mal famé, soit isolément, soit en compagnie d'hommes de mœurs suspectes. »

L'inscription d'office est une mesure d'une gravité exceptionnelle et qui peut entraîner des conséquences irréparables surtout quand elle est appliquée à des mineures. On s'est souvent élevé avec force, sinon contre cette mesure administrative qu'impose le souci de la santé publique, au moins contre l'omnipotence sans contrepoids du seul pouvoir municipal trop souvent exercé par l'autorité de police en vertu d'une délégation du maire.

En rappelant ce grief, nous n'entendons pas prendre parti, ni formuler une critique personnelle. Nous nous bornons à l'énoncer pour motiver la nécessité d'un exposé aussi complet et aussi précis que possible de la réglementation relative à l'inscription.

Que prévoient à cet égard les règlements ? De quelles garanties entourent-ils l'enregistrement d'office sur le contrôle des mœurs ? A quelle autorité réservent-ils cette grave décision qui va ranger au nombre des prostituées une fille ou femme non encore officiellement notée d'infamie ?

Tel a été l'objet de nos recherches attentives dont nous croyons utile de consigner ici les résultats.

Si quelques règlements sont plus ou moins explicites sur ces divers points, il faut bien constater que la très grande majorité des arrêtés municipaux ne contient pas de dispositions attestant chez leurs auteurs une préoccupation particulière au sujet de l'inscription d'office.

La formule souvent usitée est aussi brève qu'impérative. Tantôt elle exprime seulement que la prostitution ne peut être exercée qu'après inscription et par conséquent ne vise qu'implicitement la mesure coercitive; tantôt, elle porte que les femmes réputées filles publiques seront enregistrées au bureau de police. L'autorité à qui est dévolu le droit de procéder à cet enregistrement forcé ne se trouve même pas mentionnée.

Cette excessive sobriété se rencontre dans les règlements de plus de 200 villes sur 400.

Il est probable que c'est l'autorité de police représentée par des agents de tout grade tels que commissaires, adjoints, brigadiers de police dans les localités peu importantes, préposés au service des mœurs, qui procède à l'inscription d'office après constatation des faits qui la rendent nécessaire.

D'ailleurs, dans 34 villes où les prescriptions sont plus précises, et même dans de grandes cités telles que Nantes et Rouen, les droits du maire sont effectivement exercés par les commissaires de police qui paraissent avoir un pouvoir à peu près discrétionnaire pour inscrire.

S'il est spécifié en effet que dans 18 de ces villes le commissaire n'effectue l'enregistrement sur le contrôle des mœurs qu'après enquête ou interrogatoire ou sous réserve du droit pour les intéressés d'en appeler au maire, ou après plusieurs arrestations, dans 16, les règlements décident simplement que l'inscription sera opérée par cet agent.

A la vérité dans 150 villes l'exercice de ce pouvoir est réservé au maire ; mais dans 95 de ces villes les règlements se bornent à dire sans plus de détails que la femme sera inscrite sur la proposition ou sur le résultat de l'enquête de l'autorité de police.

En définitive, des procédures un peu minutieuses ou la réunion de diverses conditions, toutes deux propres à justifier pleinement la décision municipale et à sauvegarder d'une manière indiscutable les intérêts des femmes en cause sans nuire cependant à l'ordre et à la santé publics se rencontrent rarement.

63 villes au plus sur 400 possèdent des règlements qui témoignent d'un certain souci de n'aboutir à l'inscription d'office qu'en cas de nécessité dûment établie. Elle n'est imposée dans 40 villes (1) que sur les plaintes des habitants, des voisins, et après

(1) Aix — Albi — Angoulême — Bayeux — Béziers — Cette — Chalon-sur-Saône — Chambéry — Château-Thierry — Cluny — Dieppe — Fougères — Guise — Hirson — La Fère — Laigle — Le Vésinet — Mayenne — Montauban — Montbéliard — Montceau les Mines — Morlaix — Périgueux — Rethel — Ribérac — Romilly — Romorantin — Saint-Amand — Saint-Gaudens — Saint-Germain — Sarlat — Soissons — Tergnier — Thouars — Tonneins — Troyes — Valenciennes — Vendôme — Vervins — Vienne.

qu'une enquête sérieuse en a démontré le bien fondé ; dans d'autres qu'autant qu'il est relevé à la charge de la femme des actes répétés de prostitution et une mauvaise conduite antérieure.

Ailleurs, il est procédé tout d'abord par le maire à un interrogatoire de l'intéressée et le règlement prend soin de réserver expressément le recours administratif des parents contre l'inscription. Enfin, il faut noter avec soin les quelques rares villes (17) (1) où l'enregistrement d'office n'est pratiqué par l'autorité municipale que sur l'avis conforme du commissaire de police, et après l'échec des conseils donnés pour faire rentrer la femme dans la bonne voie et de l'intervention de la famille, ou encore, après avoir acquis la certitude, d'après l'ensemble des renseignements recueillis sur les parents et les antécédents de la femme, qu'il n'y a pas d'espoir qu'elle revienne à une vie honnête.

Les règlements de Marseille et Narbonne ne peuvent être passés sous silence ; ils constituent une heureuse singularité parmi tous les autres, et s'ils n'atteignent pas la perfection, du moins ils réalisent un progrès appréciable que les extraits suivants font ressortir :

« L'inscription a lieu par une décision du maire sur un rapport du commissaire central.... si elle est requise par ce dernier, et, s'il y a lieu, il sera dressé un procès-verbal établissant les faits de prostitution habituelle et relatant les dires de la femme et ses moyens d'oppposition..........

Un supplément d'enquête sur les causes motivant l'inscription sera ordonné par le maire, s'il le juge nécessaire, et, assisté du commissaire central et de l'inspecteur des mœurs, il entendra la femme en ses moyens de défense ainsi que les témoins que cette dernière voudrait faire interroger contradictoirement............

Afin de multiplier toutes garanties d'impartialité, si le maire maintient sa décision, il sera indiqué à la femme qui en fait l'objet,

_____

(1) Angers — Carcassonne — Dijon — La Flèche — Le Hâvre — Le Mans — Limoges — Mâcon — Marseille — Mortagne — Mourmelon — Narbonne — Orléans — Rambervillers — Saint-Quentin — Toul — Toulon.

les moyens d'en appeler à une autre juridiction, c'est-à-dire devant
le tribunal de police, à la barre duquel elle serait traduite pour contravention au présent arrêté et où elle a le droit de fournir la preuve
qu'elle peut avoir été inscrite indûment. ».

Dans l'exposé qui précède, nous avons considéré pour ainsi dire
intrinsèquement l'inscription d'office dans son application générale
et sans nous occuper de la diversité des règles qui pouvaient être
prévues *à l'égard des personnes envisagées au point de vue de leur
âge ou de leur état civil, comme les mineures, les majeures et les femmes
mariées.*
En abordant ce sujet, nous touchons à l'une des questions les
plus délicates et les plus controversées que soulève la réglementation
de la prostitution. Résolus à nous tenir le plus possible éloignés de
toute discussion de principe ou de système, nous nous bornerons,
tout en relatant ce que contiennent les règlements, à formuler les
observations indispensables.
Sans entrer dans le débat, il faut pourtant exprimer la pensée
que si l'on envisage exclusivement la défense de la santé publique,
il est logique d'assujettir au même traitement toutes les filles qui se
livrent à la prostitution, puisqu'elles sont par là même toutes exposées
à être contaminées. Bien plus, les dangers de la contamination, pour
les femmes jeunes comme aussi pour les hommes qui naturellement
les recherchent de préférence aux autres, sont, au dire de tous les
spécialistes, infiniment plus grands.
Il paraît de toute évidence que ce sont ces considérations qui
ont entraîné en aussi grand nombre les municipalités à n'établir
aucune distinction entre les mineures et les majeures et même, pour
14 d'entre elles, à spécifier d'une manière formelle, dans leurs règlements, que l'inscription s'appliquera indistinctement à toutes les
prostituées, quel que soit leur âge.
Parmi les règlements de 400 communes, on en compte 337, soit
plus de 84 0/0, qui ne renferment aucune réserve touchant l'inscription d'office des mineures qu'on doit dès lors supposer être entièrement assimilées aux majeures.
Encore convient-il de remarquer que, dans les 61 communes où

l'âge est pris en considération, les règlements ne portent qu'il ne sera délivré de carte sanitaire aux mineures de moins de 21 ans, ou qu'il n'y aura pas lieu à leur inscription, que dans 26 villes seulement (1).

En outre, l'inscription est admise pour les mineures de 18 ans dans 7 villes (2) et pour les mineures au-dessus de 16 ans dans 12 villes (3).

Enfin il est encore indiqué au sujet des mineures : que dans 6 villes (4) le maire avisera et que dans 10 autres villes (5) les mineures seront déférées au parquet pour vagabondage ou poursuivies pour infraction au règlement.

En somme, il n'y a qu'un nombre infime de communes dans lesquelles la prostitution n'est permise ou au moins subie que quand elle est exercée par des femmes majeures. Et cette constatation suffit pour laisser entrevoir les difficultés qui devraient être surmontées, même pour se rapprocher du vœu formulé au congrès international de prophylaxie, tenu à Bruxelles en 1899.

Les municipalités n'hésiteraient sans doute pas à supprimer l'inscription d'office des mineures si des mesures efficaces pouvaient être prises à l'effet de mettre obstacle à la prostitution des femmes n'ayant pas encore atteint la majorité civile. Mais nous oserons dire qu'il nous paraît bien chimérique de compter sur la force des lois pour parvenir à un pareil et si heureux résultat, qu'on ne peut attendre

---

(1) Annonay — Anzin — Armentières — Biarritz — Blois — Brest — Carpentras — Cauterets — Chartres — Châteauroux — Chauny — Compiègne — Dreux — Foix — Fontenay-le-Comte — Le Cateau — Lunel — Mirande — Montmédy — Nice — Pamiers — Pont-Saint-Esprit — Roubaix — Saint-Affrique — Tarascon — Vesoul.

(2) Avignon — Bourgoin — Cahors — Castres — Flers — Mazamet — Reims.

(3) Hirson — La Rochelle — La Turbie — Le Creusot — Les Sables-d'Olonne — Mâcon — Montceau — Nantes — Royan — Saint-Nazaire — Thouars — Valenciennes.

(4) Baccarat — Denain — Longwy — Mamers — Nancy — Saint-Nicolas-du-Port.

(5) Barbezieux — Évreux — Fourmies — Hesdin — Limoges — Menton — Poitiers — Roncieux — Tulle — Vernon.

que d'une profonde modification de la moralité publique. Nous ajou-
terons au surplus qu'on n'entrevoit pas les moyens pratiques susceptibles de triompher du vice, des passions et du goût pour le gain
facile.

Mais, faisant trêve à toute réflexion sur ce sujet, il nous reste à
rechercher si les municipalités ont organisé des précautions particulières pour que l'inscription des mineures ne soit opérée qu'en cas
de nécessité absolue, et si les règlements contiennent à cet égard
toutes les garanties désirables en faveur de ces filles tout fraîchement
dévoyées, à peu près inconscientes, et parfois susceptibles de relè-
vement.

Nous avons le regret de faire connaître que l'investigation
poursuivie sur ce point n'a pas répondu à notre attente.

Le régime que nous avons exposé plus haut et dont les défectuosités semblent peu contestables, est, sauf de rares exceptions,
commun aux majeures et aux mineures ; ce sont les mêmes agents
qui procèdent à l'inscription d'office et cette inscription s'effectue
dans des conditions identiques pour les unes comme pour les autres.

Dans 42 villes (1) seulement, on relève des dispositions réglementaires visant spécialement les mineures, ne permettant pas l'inscription d'office définitive, *de plano*, mais au contraire la subordon-
nant à la constatation de certains faits ou à l'échec de tentatives diverses
pour sauver la fille convaincue de prostitution. Ainsi, dans les dites
villes, la mineure ne sera enregistrée sur le contrôle des mœurs que
si les parents ou tuteurs refusent de la recevoir, ou tolèrent sa
débauche, ou n'auront pas été découverts, et d'autre part si, malgré
tous les efforts tentés pour amender la fille, elle a été reconnue incorri-
gible.

---

(1) Aix — Angers — Arcachon — Bordeaux — Bourges — Cahors —
Calais — Carcassonne — Castelnaudary — Châlons-sur-Marne — Cherbourg —
Dôle — Givet — Hirson — La Ciotat — La Flèche — La Seyne — Laval —
Le Creusot — Le Mans — Les Sables-d'Olonne — Mâcon — Marseille — Mont-
ceau-les-Mines — Montbéliard — Mourmelon — Nantes — Orléans — Poitiers
— Reims — Royan — Saint-Amand — Saint-Marcellin — Saint-Nazaire —
Saintes — Thouars — Toul — Toulon — Valence — Valenciennes — Vierzon
— Voiron.

Des prescriptions analogues visent la femme mariée dans 25 des mêmes villes ; avant de l'inscrire d'office, le mari sera averti et invité à user de son autorité pour lui faire abandonner la prostitution.

Registre d'inscription. — En ce qui concerne le registre sur lequel sont inscrites les femmes réputées filles publiques, il suffira de quelques indications qui seront fournies par le texte même des arrêtés municipaux.

Les deux textes suivants sont tout à la fois les plus fréquents et les plus explicites.

I. (Le plus répandu). Au moment de son inscription, la fille publique doit déclarer ses nom, prénoms, âge, lieu de naissance, dernier domicile, profession antérieure, moyens d'existence et les motifs qui la déterminent à se livrer à la prostitution.

Elle doit aussi indiquer à quelle classe elle veut appartenir (femme de maison ou isolée) et faire connaître la maison dans laquelle elle sera reçue, ou, si elle est fille isolée, son domicile par rue, maison, numéro et étage.

II. (En vigueur dans un assez grand nombre de villes importantes). Le registre sur lequel les inscriptions seront établies, indiquera :

1° Les nom, prénoms et surnoms de chaque femme publique;

2° La date et le lieu de sa naissance;

3° Son domicile avec le numéro de la maison;

4° Si elle est mariée ou célibataire;

5° La classe de la prostitution dans laquelle elle est rangée;

6° La profession ou l'industrie que la femme exerçait avant d'entrer dans la prostitution;

7° Le domicile de ses parents;

8° Leur état et leurs moyens d'existence;

9° Les condamnations que la femme pourra avoir encourues, ainsi que les renseignements qu'il sera utile de consigner.

La carte sanitaire contiendra les indications ci-après:

1° La date de naissance;
2° Les nom, prénoms et surnoms de la femme;
3° Le domicile;
4° L'âge;
5° Le lieu de naissance;
6° Le signalement de la femme.

Au verso, elle présentera des cases destinées à recevoir des notes constatant les visites.

Radiation. — A part de très rares exceptions, la radiation qui forme la contre-partie naturelle de l'inscription est prévue et plus ou moins organisée par les règlements.

Presque toujours il est stipulé qu'elle sera prononcée par le maire sur une demande écrite de l'intéressée ou de ses répondants, mais qu'elle ne sera pas maintenue si les filles se livrent de nouveau à la prostitution.

Dans une vingtaine de villes, la fille en instance de radiation pour cause de bonne conduite doit subir un stage, généralement de 3 mois, avant qu'il soit fait droit à sa requête.

Dans les autres localités, la radiation est immédiatement effectuée si l'enquête a été favorable à l'impétrante.

221 règlements accordent la radiation pour conduite meilleure, existence assurée par le travail ou tout autre mode licite, notamment si une personne honorable pourvoit à ses besoins.

55 règlements admettent la radiation de la prostituée qui rentre dans sa famille, et 33, pour cause de mariage en stipulant parfois que la requérante sera tenue au préalable de produire un certificat attestant la publication des bans.

Enfin 19 arrêtés prévoient la radiation pour vieillesse, maladie et en particulier pour affection vénérienne incurable rendant la femme impropre à l'exercice de la prostitution !

Les 4 motifs de radiation: bonne conduite ou existence assurée, retour chez les parents, mariage, vieillesse ou maladie, ne se trouvent réunis que dans 11 règlements.

8

VI. — INTERDICTIONS VISANT LES FILLES PUBLIQUES

Nous ne saurions entrer dans l'examen critique des nombreuses interdictions édictées contre les filles publiques et donner à ce chapitre un certain développement qu'il ne comporte pas au même titre que celui consacré à l'inscription.

Aussi bien, il suffira pour l'édification de la Commission qu'elle en connaisse la nature et la fréquence, et conséquemment d'en faire l'énumération.

Du dépouillement des arrêtés municipaux, il résulte qu'il est interdit aux filles publiques :

1° D'attirer l'attention des passants par paroles, gestes ou même par leur mise (racolage) — se trouve dans. . . . . 364 règlements.

2° D'entrer dans les cafés — se trouve dans. . . 351   id.

3° De circuler dans les rues (à certaines heures, ou avant la nuit), ou de se montrer sur les promenades — se trouve dans. 334   id.

4° De stationner sur la voie publique, notamment aux abords des lycées, collèges, casernes et de pénétrer dans ces derniers établissements — se trouve dans. 329   id.

5° De se montrer à leurs fenêtres ou de se tenir devant les portes d'allées ou autres — se trouve dans 247   id.

2° De recevoir chez elles des militaires après l'heure de la retraite — se trouve dans . . . 72   id.

7° De recevoir des mineurs de l'un ou l'autre sexe — se trouve dans. 70   id.

8° De garder chez elles leurs enfants mineurs — se trouve dans. 62   id.

9° De tenir des propos obscènes, soit dehors, soit
dans leurs chambres, si dans ce dernier cas
elles peuvent être entendues — se trouve
dans. . . . . 51 règlements.

10° De se promener avec des militaires ou des
civils dans un périmètre déterminé au delà de
l'octroi — se trouve dans. . . . . 18 id.

11° D'aller au théâtre sans permission du commissaire — se trouve dans. . . . . 13 id.

12° De sortir en voiture avec des hommes — se
trouve dans . . . . 9 id.

13° De se montrer en voiture découverte — se
trouve dans . . . . 8 id.

Singularités dignes de remarque :

En vue de découvrir les filles qui se rendraient coupables de
crimes ou délits, les prostituées sont tenues, aussitôt leur inscription,
de déposer au bureau de police 3 exemplaires de leur photographie.
Pour celles qui n'auraient pas les moyens, l'opération sera faite aux
frais de la ville (Vichy).

Les jours de passage et de séjour des troupes, il est expressément
défendu aux filles publiques de se montrer même de jour (Rethel).

Si une fille publique prenait un logement sans autorisation, le
commissaire serait tenu de faire vider les lieux, de jeter les meubles
sur le carreau et de faire fermer la maison (Lisieux, 1876).

La fille condamnée deux fois pour contravention à l'arrêté
pourra opter, soit pour l'inscription et toutes les mesures qui en
découlent, soit pour l'obligation de quitter la ville dans un délai de
8 jours après que la 2ᵉ condamnation sera devenue définitive (Bourges
et Vierzon).

Défense aux filles publiques de se présenter dans les rues ou
sur les promenades de manière à se faire reconnaître (Saint-Étienne).

Défense aux filles d'avoir boutique ou dépôt de marchandises qui puisse attirer chez elles des personnes honnêtes (Vitry-le-François).

Défense de se tenir dans les rues désertes ou lieux obscurs après la chute du jour (Mortagne).

Deux filles ne peuvent habiter la même maison, ni se réunir pour se livrer à la prostitution dans un même appartement (Laigle).

Défense aux filles de loger soit en garni, soit dans leurs meubles, dans une maison où existe une école ou un pensionnat (Lyon).

Deux ou plusieurs femmes publiques ne peuvent se trouver dans la même pièce, alors que l'une d'elles se livre à la prostitution. Une femme ne peut dans les mêmes circonstances, conserver deux hommes dans la même chambre (Vesoul).

La coiffure en cheveux est interdite aux filles soumises (Autun et Melun).

Toute femme isolée est tenue de changer de logement, lorsque notification lui en est faite (Avignon).

Les filles soumises trouvées logeant dans d'autres quartiers que ceux désignés par le règlement en seront expulsées sur-le-champ, et déférées, ainsi que leurs logeurs, au tribunal de simple police.

VII. — MAISONS DE TOLÉRANCE

Avant de faire connaître la réglementation relative aux maisons de tolérance, il nous sera permis de soumettre à la Commission quelques considérations générales sur l'existence de ces établissements et sur leur caractère.

Il faut un certain courage pour les formuler, car ces « lieux de débauche », comme il est d'usage de les qualifier, soulèvent une indignation facile, surtout quand on les considère au point de vue de la pure morale ou du sort théoriquement misérable des femmes qu'ils renferment, indignation qui a été largement exploitée par les détracteurs de la police des mœurs.

Il n'entre pas dans notre pensée de poursuivre la réfutation des attaques si vives qui sont dirigées contre les maisons de tolérance, ni d'émettre une opinion sur la nécessité de les maintenir ou de les supprimer. Mais les anathèmes proférés contre ce qu'on a appelé les

temples officiels de Vénus, contre l'immoralité administrative résultant
de l'autorisation donnée aux tenanciers et de l'apparence de protection
accordée aux maisons, nous imposent le devoir de rappeler comment,
dégagé de tout parti pris, il convient suivant nous d'envisager la
question.

Si l'on pouvait mettre réellement obstacle à la prostitution, les
maisons de débauche seraient aussitôt supprimées, et tolérer leur
existence constituerait de la part des municipalités une infraction
grave et sans excuse. Par malheur, les nombreux exemples que fournit
l'histoire montrent l'inanité de toutes les tentatives faites dans le but
de triompher de ce fléau peut-être nécessaire, et attestent qu'on a
dû toujours se résigner enfin de compte, dans l'intérêt de la décence
et de l'ordre publics, à localiser le mal.

Partout, et dans tous les temps, se manifeste l'idée de concentrer
la débauche soit dans des quartiers spéciaux, soit dans des maisons
publiques : à Rome païenne ou chrétienne, en Italie à l'époque des
florissantes Républiques, en France dès après l'échec de Saint-Louis
relatif à l'interdiction de la prostitution, et sous les Rois au moins
jusqu'au milieu du xvie siècle.

Quand cette idée a été abandonnée, il en est résulté à la longue
les pires désordres et un réel dommage moral, en dépit des prohibitions si souvent renouvelées aux habitants de donner asile aux filles
de mauvaise vie.

Sans rechercher les conséquences qu'eurent dans la suite, les
résolutions prises par les États d'Orléans et consacrées par la fameuse
ordonnance de 1560, supprimant tous les « bordeaux » du royaume,
ordonnance qui ne fut jamais rapportée, semble-t-il, nous sommes
tout au moins autorisé à penser qu'elle entraîna de sérieux inconvénients. Montaigne, en effet, la critiquait 15 ou 20 ans après sa pro-
mulgation, et faisait valoir des arguments que nous demandons la
permission de reproduire, parce qu'ils ont conservé encore aujourd'hui
toute leur valeur : « Que la volupté écrit-il, au chapitre XII du livre 2
des Essais, très ingénieusement faisait instance, sous le masque de
la vertu, de n'être prostituée au milieu des quarrefours, foulée aux
pieds et des yeux de la commune, trouvant à dire la dignité et com-
modité de ses cabinets accoutumez. De là disent aucuns, que d'oster

les bordels publiques, c'est non seulement épandre partout la pail-
lardise qui était assignée à ce lieu-là, mais encore aiguillonner les
hommes vagabonds et oisifs à ce vice, par la malaysance».

Par le fait, on inclinerait à penser qu'il n'y a pas place entre la
prohibition radicale et effective et la liberté de la prostitution, pour
un régime intermédiaire tel que le nôtre, d'où la maison publique
serait exclue.

La prohibition est vaine, malgré toutes prescriptions des lois,
toutes sanctions pénales poussées jusqu'à la cruauté comme au
xviie siècle, malgré toutes maisons de force et toutes relégations en masse.

Quant à la liberté, on peut craindre pour cent raisons, qu'elle
n'aboutisse dans notre pays, et avec nos habitudes, nos tra-
ditions, notre tempérament, à des conséquences redoutables si nous
en jugeons par les tristes leçons de l'expérience tentée au début de la
période moderne.

C'est pour refréner la débauche partout étalée et débordante,
que le Directoire exécutif de l'an IV demande au Conseil des Cinq-
cents de forger des armes afin de « réprimer, comme le porte son
message, des désordres qu'une plus longue impunité rendrait peut-
être redoutables au Gouvernement ». C'est plus tard, et quand l'idée
de légiférer est abandonnée depuis longtemps, pour diminuer les
dangers sans nombre, moraux et matériels, résultant du libre exercice
de la prostitution, qu'on songea à la réglementer sérieusement, c'est-
à-dire, notamment, à fermer dans un but de décence, d'hygiène et de
sécurité, les boutiques, locaux de tous genres et bouges sordides
abritant la prostitution, foyers des pires infections et repaires de gens
sans aveu ou de criminels.

On ne laissa subsister à Paris, dont l'administration prit toutes
les initiatives dès le début du xixe siècle, et sans doute aussi en pro-
vince à l'exemple de la capitale, que les maisons de débauche qui ne
présentaient pas d'aussi grandes défectuosités et en leur imposant
pour la première fois des règles sévères et éclairées touchant la salubrité des locaux et l'hygiène des femmes. Jusqu'à plus ample informé,
nous présumons que l'ordonnance en date du 26 juillet 1811, du baron
Pasquier chargé du 4e arrondissement de la Police générale et Préfet
de Police, ordonnance rapportée par Parent-Duchatelet, marque le

point de départ de l'intervention de l'autorité dans la tenue des maisons de débauche impliquant sinon une autorisation expresse, au moins une tolérance plus que tacite.

Cette non suppression de toutes les maisons de débauche, ce maintien de quelques-unes seulement, surveillées, assujetties à des obligations rigoureuses, se justifient par les motifs déduits dans la lettre adressée en 1814 au maire de Lyon par le Directeur général de la Police et si souvent invoqués depuis lors dans les considérants des arrêtés municipaux : *c'est pour éviter un plus grand mal*, portait cette lettre, qu'on laisse subsister certaines maisons de débauche.

Cette justification n'était ni audacieuse ni nouvelle, car on peut rappeler qu'elle a inspiré le retrait de l'ordonnance célèbre de 1254 et qu'on la retrouve formulée dans le même temps par un des plus illustres Docteurs de l'Église, ainsi qu'il suit : « Il est quelquefois nécessaire que ceux qui président au Gouvernement des États tolèrent quelque mal pour procurer un bien ou pour *éviter un plus grand mal* (ne aliqua mala pejora incurantur) ».

Et le plus grand mal qui préoccupe l'autorité n'est plus seulement contenu dans l'antique formule « matronum sollicitationes, et stupra et adulteria » : il s'étend encore aux désordres et aux dangers qu'à révélés la liberté, au développement redoutable de la prostitution clandestine et même de la prostitution des isolées soi-disant soumises, à la détérioration croissante de la santé publique. Nous verrons par ailleurs, combien étaient fondées ces appréhensions quand nous étudierons les causes et les conséquences de la décadence des maisons de tolérance.

Les véhémentes condamnations dont les raisons alléguées par l'autorité administrative ont été l'objet au nom de la pure morale peuvent dans l'ordre spéculatif reposer sur un fondement indiscutable ; mais elles sembleront d'une rigueur exagérée si on les place en regard des réalités de la vie d'une grande agglomération, d'une importante concentration de troupes, des passions qui y fermentent et aussi de la réserve observée par les municipalités.

Il ne s'agit plus, en effet, d'une institution reconnue et parfois protégée comme dans les siècles écoulés, d'établissements proclamés d'utilité publique et ressemblant par quelque côté à ceux qu'enfanta l'imagination déréglée d'un Rétif de la Bretonne, mais d'une industrie privée peu conforme aux bonnes mœurs si l'on veut, mais inévitable et qu'il est préférable dans l'intérêt général de ne pas ignorer.

Le pouvoir municipal prend le minimum de contact possible avec cette industrie et s'il ne s'en désintéresse pas, c'est uniquement pour la restreindre dans les plus étroites limites comme pour l'assujettir à une surveillance constante. N'est-il pas excessif dans ces conditions de flétrir son intervention et de l'accuser d'encourager le vice?

La maison de tolérance n'a pas d'existence légale au regard des lois civiles : elle est ignorée du fisc qui ne l'impose pas pour l'objet réel de son industrie et quant à l'autorité municipale, nous allons voir que toutes les prescriptions qu'elle a édictées sont inspirées par le souci dominant sinon exclusif, de l'ordre, de la sécurité, et la protection de la collectivité contre toute gêne, tout trouble et toute offense, et qu'ainsi faisant elle ne mérite pas les reproches dirigés contre elle.

Nous avons dû recourir à l'histoire non pas pour faire étalage d'une érudition d'ailleurs facile, mais parce que les rapprochements s'imposaient à l'occasion d'un sujet qui a de tout temps présenté les mêmes aspects et les mêmes difficultés.

Après cette introduction nécessaire nous pouvons procéder à l'analyse des dispositions régissant les maisons de tolérance.

On rencontre deux types de règlements qu'il convient de signaler :

1° Ceux et généralement les plus anciens, qui imposent, indistinctement et de prime abord, la délivrance d'une autorisation à toutes les maisons de débauche. lupanars contenant des filles logées à demeure et placées sous l'autorité d'une patronne, maisons de passe et de rendez-vous, logeurs de femmes publiques, etc.

Ils débutent par l'une ou l'autre des dispositions ci-après :

« Tout lieu où l'on favorise, facilite ou tolère la prostitution, est réputé maison de débauche. Aucune maison de prostitution ne peut s'ouvrir sans l'autorisation de l'administration ».

ou bien :

« Il sera tenu un état exact de toutes les maisons et de tous les logements notoirement reconnus comme lieux de débauche, ainsi que des individus qui les tiennent ou qui les exploitent. Aucune maison de prostitution ou de tolérance ne pourra subsister sans une autorisation du maire ».

2° Les règlements, plus modernes et aussi plus nombreux, qui s'occupent exclusivement des maisons de tolérance proprement dites ou réservent des prescriptions distinctes aux logeurs et aux maisons de rendez-vous.

Presque toujours les dispositions réglementaires sont formulées en ces termes :

« Il est expressément interdit d'ouvrir une maison de débauche, dite maison de tolérance, pour y entretenir des filles publiques, sans en avoir obtenu l'autorisation du maire, *laquelle pourra toujours être retirée* ».

Le nombre total des règlements visant les maisons de débauche de toutes catégories s'élève à 294, dont 4 seulement n'imposent que la *déclaration* d'ouverture et non l'autorisation.

Parmi les règlements qui ne s'occupent que des maisons de tolérance proprement dites, 30 édictent, spécialement en ce qui concerne les logeurs en garni, des prescriptions analogues à celles applicables aux dites maisons, ou identiques au regard du logement des filles publiques.

Dans cette même série, 62 règlements portent l'interdiction absolue des *maisons de passe*.

Les deux tiers des arrêtés municipaux contiennent les quatre dispositions suivantes ou des dispositions sensiblement pareilles :

1° « La demande d'autorisation devra être accompagnée d'un plan des lieux et du consentement écrit du propriétaire de la maison. Le maire pourra en outre réclamer toute pièce de nature à le renseigner sur la situation de la postulante » :

2° « Aucune maison de tolérance ne peut être dirigée même indi-

9

rectement par un homme ou sous son influence, et, en conséquence, aucun homme ne pourra s'y fixer à demeure, à quelque titre que ce soit, excepté les hommes mariés légitimement, sous la condition qu'ils ne s'immisceront en rien dans les rapports des maîtresses de maisons ou de leurs filles avec le public ou l'autorité ;

3° « Toute maîtresse de maison doit être âgée de 25 ans au moins, et représenter, si elle est mariée, l'autorisation de son mari ;

4° « Le nombre de filles qui peuvent être admises dans les maisons de tolérance sera fixé par l'autorité municipale ».

A la suite de ces dispositions générales, vient l'énumération des obligations imposées aux tenanciers et des défenses qui leur sont faites.

Nous croyons utile de la reproduire parce qu'elle marque mieux que tout commentaire le caractère de l'intervention municipale.

Titre Iᵉʳ. — Conditions d'ouverture et d'installation.

1° Autorisation préalable, exigé par . . . . 290 règlements.

2° Obligation de n'ouvrir les maisons qu'à une
certaine distance des monuments publics tels
qu'édifices consacrés aux cultes, siège des administrations, maisons d'éducation, prévu seulement dans. . . . . 82 id.

3° Clôture ou grillage des fenêtres, fermeture de la
porte d'entrée.
Mesures propres à empêcher tout commerce
avec l'extérieur, toute gêne ou incommodité
pour les voisins et pour le public . . . . 199 id.

4° Interdiction pour les femmes de se montrer aux
portes et aux fenêtres, de provoquer les passants
d'une manière quelconque, prévu dans . . . 79 id.

5° Obligation de n'avoir qu'une seule issue . . . 44 id.

6° Obligation d'éclairer l'entrée de la maison et
l'escalier dès la chute du jour . . . . 69 règlements.

7° Obligation d'indiquer la maison par un numéro
apparent ou une lanterne . . . . 22 id.

TITRE II. — **Police intérieure.**

1° Obligation pour la maîtresse de tenir un registre
d'inscription, prévu dans. . . . . 249 id.
Ce registre doit être coté et paraphé par le
commissaire de police et indiquer pour chaque
fille publique : la date de son entrée ; ses nom
prénoms et même surnoms, son âge, son lieu
de naissance, son dernier domicile et la profession qu'elle exerçait ; le numéro et la date de
son livret ; les dates des visites faites par le
médecin du dispensaire ; la date de la sortie
de l'établissement et la nouvelle adresse de la
femme.

2° Chaque fille doit avoir une chambre spéciale,
prévu dans . . . . 124 id.

3° La maîtresse de la maison doit informer la
police du départ des filles, prévu dans . . . . 300 id. environ.

4° Les tenanciers sont responsables des désordres
qui se produisent dans les maisons, prévu dans
la grande majorité des règlements.

5° Défense de débiter des boissons spiritueuses. . 164 id.

6° Obligation de porter toute contestation entre le
tenancier et les filles devant le tribunal compé-
tent, le maire ou le commissaire de police, prévu
seulement dans. . . . . 15 id.

7° Obligation de signaler les gens suspects . . . . 24 id.
On rencontre aussi parfois, mais très rarement.

l'obligation pour la maîtresse de prévenir le commissaire de police en cas de grossesse d'une pensionnaire.

8° Obligation pour la « maîtresse» de déclarer les maladies dont les femmes sont atteintes, prévu dans. . . . . 44 règlements.

TITRE III. — **Prohibitions diverses. — Clientèle.**

Défense de recevoir dans les maisons :

1° Des mineurs ou des collégiens, prévu par . . . 181 règlements.

2° Des filles mineures . . . . 102 id.

3° Des femmes étrangères à la maison ou non inscrites . . . . 93 id.

4° Les militaires après la retraite . . . . 85 id.

5° Les gens ivres. . . . . 37 id.
et les souteneurs. . . . . 25 id.

6° Défense enfin de loger dans l'établissement des enfants mineurs encore qu'ils appartiennent aux tenanciers ou aux filles de la maison . . . 85 id.

Prescriptions relatives à la protection de la femme.

CONTRE LA RÉTENTION DANS LA MAISON:

Aucune femme ne peut être retenue contre son gré. 61 règlements.
ou plus explicitement :

Toute contrainte physique ou morale pour retenir une femme contre son gré est interdite . . . 8 id.

La rétention pour dettes contractées dans la maison n'est expressément défendue que dans. . . . 9 id.

Lorsqu'une fille réclamera sa liberté, le commissaire
devra la lui assurer dans le plus bref délai . .   5 règlements.

Les maîtresses de maisons sont responsables des
effets des filles qu'elles reçoivent : elles ne peuvent sous aucun prétexte les retenir en gage ni
souffrir qu'ils soient vendus, donnés ou engagés
à des tiers (formule des règlements de Mâcon
et Magnac-Laval) ou une formule analogue .   23   id.

Elles devront les remettre à leurs pensionnaires au
moment de leur départ.   23   id.

Il faut signaler également une prohibition se rattachant à un
autre ordre d'idées que la rétention par contrainte et visant l'âge requis
pour l'admission d'une femme par la tenancière.

On trouve dans les règlements de 146 villes la prohibition expresse
de recevoir dans les maisons dites de tolérance des femmes âgées de
moins de 21 ans.

Par contre les règlements de quelques rares villes autorisent
encore l'admission de mineures dans les dites maisons, si elles sont
déjà inscrites sur le registre des mœurs (Rennes : si la mineure est
inscrite depuis six mois et si elle est autorisée par ses parents ou
tuteurs — Mont-de-Marsan : les mineures étrangères à la localité, si
elles sont inscrites dans une autre ville — Vierzon : les mineures
inscrites âgées de 18 ans au moins — Flers : même disposition mais
sous la réserve d'une autorisation spéciale).

Il est évident que les dispositions ci-dessus ne sont pas en
harmonie avec la jurisprudence très ferme des tribunaux que semble
commander d'ailleurs impérativement la loi pénale. Le texte de
l'article 334 (ancien) porte en effet que le fait de faciliter habituellement la débauche ou la corruption des personnes âgées de moins
de 21 ans constitue le délit d'attentat aux mœurs. Mais on pourrait
alléguer et l'on a soutenu, croyons-nous, notamment à l'occasion de
poursuites contre un placeur de la région méridionale qui ont donné
lieu à des investigations très étendues, qu'il était peut-être difficile de
faire rentrer dans la catégorie des personnes protégées par l'article 334

celles que l'inscription avait classées parmi les prostituées plus ou moins invétérées.

De l'exposé qui précède il ressort que si les nombreuses et fréquentes prescriptions réglementaires comprises dans les titres 1, 2 et 3 des arrêtés traduisent la préoccupation très vive chez les maires : d'assurer l'ordre, la tranquillité, le maximum possible de décence, par contre, la rareté relative des dernières dispositions rapportées ci-dessus montre que l'attention du pouvoir municipal a été beaucoup moins éveillée en ce qui concerne la protection des femmes renfermées dans les maisons de tolérance. Il faut penser que dans la pratique ces femmes trouvent auprès de l'autorité de police l'appui auquel elles ont droit contre l'exploitation des tenanciers et les manœuvres qu'ils emploieraient pour les retenir dans l'établissement. Mais cela ne saurait suffire et il importerait à coup sûr que tous les règlements continssent la plupart des prescriptions dont nous avons donné la teneur ; qu'ils imposassent notamment, l'obligation d'afficher en permanence, comme on le fait dans certains pays, dans la chambre réservée à l'habitation de la femme, un extrait du règlement portant qu'elle peut toujours quitter la maison encore qu'elle ait contracté quelques dettes (1)

Il ne nous reste plus qu'à relever quelques singularités.

_____

(1) On s'est vivement préoccupé dans ces derniers temps, de la rétention contre leur gré des filles ou femmes dans les maisons dites « de tolérance ». Tout en rendant hommage aux nobles sentiments d'humanité et d'indignation de ceux qui ont dénoncé d'aussi odieuses séquestrations, il convient cependant d'observer qu'en France, tout au moins, les contrôles sont en principe et en fait si multipliés et si rigoureux, qu'il est bien difficile de supposer qu'une femme puisse entrer contre son gré dans une maison close et y être maintenue par contrainte directe ou indirecte.

Rappelons à ce propos que toute femme qui entre dans une maison subit un interrogatoire d'identité devant le commissaire de police, qui lui demande en outre si c'est bien comme femme de maison qu'elle entend être inscrite.

D'autre part, les femmes devenues pensionnaires d'un établissement autorisé, ne se trouvent pas à la merci du tenancier. L'autorité de police les voit souvent et tout au moins lors de chaque visite médicale généralement hebdomadaire, car il accompagne le médecin et peut à cette occasion recueillir les réclamations qu'elles auraient à formuler.

A Cette, il est défendu aux tenanciers de recevoir un nombre d'hommes plus de trois fois supérieur à celui des femmes habitant dans l'établissement.

A Mont-de-Marsan, toute fille présentée au bureau des mœurs pour y être inscrite par une maîtresse de maison, devra être interrogée en dehors de la présence de celle-ci, pour certifier si c'est bien de sa propre volonté qu'elle va s'adonner à la prostitution (Prescription à recommander).

Le règlement d'Amiens renferme une défense formulée aussi ailleurs, celle pour les femmes d'avoir des amants attitrés, ces individus étant généralement la cause de disputes qui dégénèrent en rixes.

Le médecin lui-même en cas de contrainte entendrait les doléances des femmes qu'il visite et ne manquerait pas de prendre leur défense.

Enfin, la femme molestée ou contrainte trouverait presque toujours, par surcroît, dans le client, un auxiliaire pour faire parvenir sa plainte à qui de droit.

L'antique et vulgaire procédé employé par des tenanciers pour maintenir dans leur établissement les femmes contre leur gré et qui consiste à leur faire contracter des dettes qu'elles sont hors d'état de payer est aujourd'hui bien inefficace et peu probable. Les femmes savent fort bien que le gage corporel n'est pas licite et que l'autorité municipale ou de police dont elles réclameraient le concours pour recouvrer leur liberté n'admettrait pas les motifs de dettes allégués par le tenancier pour s'opposer au départ de la femme.

La fréquence des changements de maisons que semble indiquer les enquêtes en cours autoriserait à penser qu'il n'est pas apporté d'entrave sérieuse à la liberté de la femme.

Quoi qu'il en soit, la protection de la femme de maison est encore mieux assurée depuis le vote de la loi du 3 avril 1903 portant modification de l'article 334 du Code pénal et introduisant dans cet article, sur la proposition de M. le sénateur Bérenger, la disposition suivante : « sera puni d'un emprisonnement de 6 mois à 3 ans et d'une amende de 50 à 5.000 francs, quiconque aura par fraude ou à l'aide de violences, menaces, abus d'autorité ou tout autre moyen de contrainte, retenu contre son gré, *même pour cause de dettes contractées*, une personne, même majeure, dans une maison *de débauche*, ou l'aura contrainte à se livrer à la prostitution ».

On peut regretter la qualification employée pour désigner la maison dite « de tolérance ». Celle-ci en effet dont l'ouverture est autorisée par le pouvoir municipal, et qui est placée sous la surveillance constante et étroite de l'autorité de police, ne peut être dénommée *lieu de débauche*. Elle ne saurait subsister si elle n'avait d'autre but que de favoriser le déréglement des mœurs.

La municipalité du Havre rappelle que les maisons de prostitution étant considérées comme lieux publics, toute personne qui aura commis, dans un établissement de ce genre, en présence de plusieurs personnes, un acte d'immoralité constituant un outrage public à la pudeur, sera poursuivie conformément à l'article 330 du Code pénal.

Il s'agit sans doute surtout des actes commis dans la salle commune où une certaine discipline est maintenue par les surveillants. Néanmoins ce rappel des principes, pour la sauvegarde de la décence publique, surprend un peu au premier abord.

Une disposition assez curieuse qu'on rencontre dans quelques règlements témoigne une susceptibilité très honorable. Elle porte la défense pour les tenanciers de maison de pavoiser et d'illuminer à l'occasion des fêtes et cérémonies publiques et notamment de la Fête nationale !

En somme il ressort bien de toute cette réglementation concernant les maisons de tolérance que les maires se sont appliqués à atténuer dans une très large mesure les inconvénients inhérents à l'existence de ces maisons, et qu'il est difficile que des abus graves ou des scandales retentissants se produisent si la police tient la main à la stricte observation des règlements.

Tous les arrêtés municipaux n'ont pas, il s'en faut, la même valeur et beaucoup renferment des lacunes regrettables ; mais il serait facile de les combler et de parvenir à un règlement type qui offrirait toutes les garanties désirables pour la défense des intérêts si multiples qui se trouvent en cause.

Nous ne pouvons terminer ce chapitre sans dire quelques mots au sujet de la fermeture retentissante de la maison de Salins, qui a fait l'objet, au Congrès abolitionniste tenu à Lyon en 1901, d'un réquisitoire aussi fulminant que remarquable de M. Champon, maire de la ville.

Nous sortirions de notre rôle en engageant une discussion sur ce rapport et en recherchant la part de vérité et d'exagération qu'il contient.

Il est cependant nécessaire d'observer que l'exemple de Salins est tout à fait insuffisant pour entraîner la condamnation des maisons de tolérance et qu'il serait abusif de s'appuyer sur les griefs articulés par un magistrat municipal pour conclure du particulier au général. Nous sommes d'ailleurs convaincu que si le triste tableau tracé par M. Champon pouvait représenter au vrai la situation de l'une quelconque des localités pourvues de maisons, les maires n'auraient pas manqué de prendre les mêmes mesures que lui, ou d'aviser sans délai aux moyens de faire cesser tous désordres et tous abus.

Rien de semblable à ce qui a été révélé avec éclat par M. le maire de Salins n'est parvenu jusqu'ici à notre connaissance et nous n'avons pas encore trouvé trace de fermetures effectuées d'office pour des motifs analogues. En sorte que nous sommes autorisé à penser, au moins jusqu'à nouvel ordre, que le cas de Salins est isolé et absolument anormal.

Enfin il ne faut pas perdre de vue que la dite ville ne compte que 5.525 âmes et que l'existence, dans une aussi petite localité, d'une maison de tolérance, peut offrir des dangers qui ne se rencontrent pas ailleurs. La lettre du 17 octobre 1814 à laquelle nous nous sommes plusieurs fois référé rappelait que les maisons étaient tolérées dans les villes populeuses et semblait ainsi exclure les communes de moindre importance. Si les maires sont mieux placés que qui que ce soit pour apprécier les besoins de leurs administrés et les raisons de convenance qui justifient l'installation d'une maison, cependant il ne paraît pas désirable en principe qu'ils l'admettent dans les petites villes où le désœuvrement joint à l'absence de distractions contribuent à donner trop d'attrait à un établissement de cette nature propice aux excès.

VIII. — CONTROLE SANITAIRE

S'adressant à une commission constituée pour la recherche de la prophylaxie des maladies vénériennes, et composée en majorité

de médecins, ce rapport devrait consacrer un développement exceptionnel au contrôle sanitaire. Mais, comme il ne s'agit en ce moment
que de l'analyse des règlements, et que ces règlements sont relativement sobres sur cette question, nous sommes contraint d'imiter
leur exemple.

Nous nous réservons de traiter plus amplement cette matière en
temps opportun à l'aide d'éléments puisés ailleurs que dans les arrêtés
municipaux, et de rechercher comment est organisé le service sanitaire, comment il fonctionne en fait et de quelle manière sont accueillies
et traitées les inscrites malades dans les hôpitaux.

Nous examinerons ici deux points importants, savoir : les mesures
sanitaires prescrites par le maire contre le péril vénérien ; les taxes
imposées aux femmes pour le paiement des visites qu'elles sont tenues
de subir.

I. — MESURES SANITAIRES

Les filles inscrites sont assujetties, d'après les règlements, à des
visites médicales fixes et périodiques, indépendamment de celles qui
leur sont imposées lors de leur inscription et, avant leur départ de
la ville pour les femmes de maison (mesures prises dans la grande
majorité des règlements).

En outre, des visites inopinées peuvent être ordonnées par
l'administration.

D'après les arrêtés, le nombre des visites fixes et périodiques est
déterminé ainsi qu'il suit :

Dans 208 villes... .... 1 visite par semaine,
— 55 — .... 3 visites par mois,
— 46 — .... 2 —
— 9 — .... 2 — par semaine,
— 2 — .... 6 — par mois,
— 1 — .... Tous les 5 jours,
— 1 — .... Plusieurs par mois.

322 villes.

En somme, sur ces 3a2 villes, il ne s'en trouve que 46 où la visite ne s'effectue que chaque quinzaine.

95 règlements ne sont pas explicites à cet égard : les uns se contentent d'indiquer que le nombre des visites sera déterminé, ou qu'il sera mentionné sur la carte d'inscription ; d'autres restent même muets sur l'obligation de la visite, là, sans doute, où il n'existe pas à proprement parler de service des mœurs.

Presque partout, les filles isolées subissent la visite au dispensaire, et les femmes de maison, dans l'établissement.

Toute fille publique reconnue malade est conduite ordinairement dans un lieu spécial où elle reçoit les soins que comporte son état.

Dans 173 villes, les filles malades sont traitées à l'hôpital, au dispensaire, à la maison de santé ou au dépôt. Les règlements de Castelnaudary, Saint-Quentin et Langres entre autres spécifient qu'il s'agit du dépôt de la prison.

96 localités, généralement les plus petites, envoient leurs malades dans l'hôpital d'une ville voisine, même située hors du département.

Dans 18 règlements, il est dit seulement qu'en cas de maladie constatée, l'administration prendra des mesures convenables et dans 8 que les soins pourront être donnés à domicile.

En définitive l'hospitalisation semble être la règle la plus répandue et les femmes contaminées sont bien traitées comme des malades ordinaires, réserve étant faite touchant la séparation des quartiers où elles sont soignées.

II. — TAXES ET REDEVANCES

On peut être surpris au premier abord, qu'à propos du contrôle sanitaire qui s'exerce sur les femmes inscrites, bien plus au profit de la collectivité que dans l'intérêt personnel des assujetties, il soit question de taxes.

C'est déjà une obligation pénible et même vexatoire que celle qui contraint une fille à subir fréquemment, pour la défense de la santé publique, des investigations médicales minutieuses. A cette obligation, les municipalités auraient-elles ajouté celle de supporter dans une mesure plus ou moins grande les frais de visite en vue de couvrir les dépenses de l'organisation sanitaire?

L'examen des règlements fournit à cette question une réponse affirmative pour un assez grand nombre de villes, et nous allons passer en revue les dispositions relevées, concernant ce point spécial qui présente une importance manifeste au regard de la prophylaxie.

Sur 570 arrêtés municipaux dépouillés, il n'en a été trouvé que 168 qui contiennent des dispositions relatives à la gratuité ou à la non gratuité de la visite sanitaire.

Tantôt ces arrêtés portent expressément que l'examen médical est gratuit, tantôt ils fixent le prix de la visite où décident qu'il y aura lieu à la perception d'une taxe sans en indiquer le montant.

Quant à ceux, de beaucoup les plus nombreux, qui ne donnent pas d'indications, il est difficile d'inférer de leur silence qu'aucune taxe n'est imposée aux inscrites. A en juger par les tendances connues des municipalités, on inclinerait plutôt à penser qu'elles doivent chercher en général à récupérer autant que possible sur les femmes, les frais que leur profession impose au budget local ; mais pour être pleinement fixé, il faudrait procéder à une enquête spéciale qui porterait très utilement aussi sur le budget détaillé des dépenses sanitaires.

Quoi qu'il en soit, parmi les 168 villes envisagées, la gratuité complète ou restreinte de la visite n'est admise que dans 82 villes. Encore faut-il observer que cette gratuité n'est accordée parfois qu'aux inscrites indigentes comme à Calais et à Castelnaudary ; que d'autre part, comme à Bordeaux, Rouen, Cherbourg, Dijon, Montbéliard, Pontarlier, la visite est gratuite ou payante suivant les jours.

En ce qui concerne les villes qui font payer la visite, les unes au nombre de 68 mentionnent le montant de la taxe dans leurs règlements, tandis que pour les 18 autres il est simplement indiqué que les frais de visite seront supportés par les isolées inscrites.

Les tarifs connus varient de o fr. 5o à 3 francs pour les visites passées dans le local commun, et se répartissent de la manière suivante :

fr. c.

o 5o par visite	3 villes.
1 » —	21 —
1 25	1 —
1 5o —	6 —
2 » —	27 —
2 5o —	4 —
3 » —	4 —
Deux classes (2 et 1 francs)	1 —
Deux prix (3 et 2 francs.)	1 —
Tarif non fixé	18 —

ENSEMBLE..... 86 villes.

En dehors du contrôle sanitaire pratiqué dans le local commun, un certain nombre de règlements prévoient pour les isolées des visites à domicile et extraordinaires payantes. Les tarifs, dans ce cas, sont sensiblement plus élevés, ainsi qu'on peut en juger par les exemples ci-dessous:

VISITES A DOMICILE :

Reims, Rouen, Grenoble, Angers, Tours, Châlons-sur-Marne	5 francs au lieu de la gratuité.
Sézanne	5 — — de 3 francs.
Biarritz, Boulogne, Calais	3 — — de la gratuité.
Annecy	3 — — de 1 fr. 5o.
Tonneins	3 — — de 2 francs.
Privas	3 — — de o fr. 5o.
Montbéliard	2 — — de 1 fr. 5o.
Bourg-de-Péage, Le Blanc, Belfort	2 — — de 1 franc.
Poitiers, Bressuire, Pithiviers	2 — — de la gratuité.
Lons-le-Saunier et Sarlat	1 fr. 5o — —
Soissons, Château-Thierry, Vervins, Manosque, Valensole	Tarif non indiqué.

VISITES EXTRAORDINAIRES :

Avignon	3 francs au lieu de 1 franc.
Amiens et Boulogne	3 — par visite particulière au dispensaire.
Limoges et Magnac-Laval	2 — au lieu de la gratuité.
Pau et Le Creusot	Tarif non indiqué.

Pour les filles des maisons de tolérance, la visite à domicile est prévue dans la plupart des arrêtés et paraît être habituellement pratiquée.

Si l'on voulait donner à la Commission une idée très précise des ressources que les municipalités retirent des maisons et des moyens financiers auxquels elles ont recours, il faudrait se livrer à un examen minutieux des comptes administratifs et des opérations hors budget. On rencontre en effet les régimes les plus divers relativement à l'assiette et à la quotité des charges imposées à ces établissements et dont les règlements ne donnent qu'une vue bien incomplète. Ici, c'est un droit fixe de visite par femme et partant un produit variant suivant le nombre des pensionnaires présentes; là, c'est un droit analogue sur lequel vient se greffer une taxe sur les maisons, mensuelle ou hebdomadaire; ailleurs, c'est une redevance établie à forfait pour les visites et les dépenses générales du service sanitaire ou spécialement pour le traitement du médecin. Il faudrait tenir compte aussi des droits fixes payés à chaque changement de tenancier, de contributions volontaires consenties en faveur du contrôle municipal et pour rémunération de services exceptionnels de salubrité et de sécurité, etc.

Dans ces circonstances, nous ne pouvons que donner un certain nombre d'exemples tirés pour la plupart des règlements :

Rouen................	4 francs par visite et par femme, au lieu de la gratuité pour les isolées,
Perpignan............	4 francs par visite et par femme,
Mâcon et Nancy........	3 francs par visite et par femme, au lieu de la gratuité,
Nice................	3 francs par visite et par femme, au lieu de 2 fr. 50,
Rodez................	2 fr. 50 par visite et par femme, au lieu de 1 franc par visite au dispensaire,
Périgueux............	2 francs par visite et par femme, au lieu de 1 franc par visite au dispensaire,

Castelnaudary, Evreux, Châteauroux, Tours, Poitiers, Dôle, Foix, Castres...... 2 francs par visite et par femme, au lieu de la gratuité.

Tarbes et Le Mans....... 2 francs pour les maisons de 1er ordre, 1 franc pour les maisons de 2e ordre, au lieu de la gratuité.

Troyes .... 200 francs par mois, et 500 francs à chaque changement de tenancier.

Nice .... 3 francs par mois et par fille existant dans la maison, indépendamment du droit de 3 francs par visite et par fille.

Nîmes.................. 2 francs par mois et par fille, imposés à la maison.

Reims.................. 40 francs par visite de médecin et 2 fr. 50 par visite de l'agent des mœurs.

Perpignan.............. 6 francs par semaine pour la maison, en plus de la taxe de 4 francs par visite et par fille.

Abbeville .... 12 francs par mois et par fille.

Épinal................. 24 et 18 francs par mois et par fille.

Vouziers............... 300 francs par an pour les honoraires du médecin-inspecteur et 108 francs pour la rétribution de l'agent du service sanitaire.

Stenay .... 50 francs par mois pour le médecin et 15 francs par mois pour les frais de police.

Chambéry.............. 125 francs par mois.

Privas et Béthune .... 600 francs pour le traitement du médecin.

Bar-le-Duc............. Part contributive des maisons dans les frais occasionnés par le service sanitaire : 3.000 francs en 1895.

Enfin, on rencontre encore des taxes spéciales, et à tarif plus élevé que le tarif ordinaire, pour les visites extraordinaires ou exceptionnelles, c'est-à-dire pour celles qui ont lieu à l'arrivée et au départ des filles de maison, ou au changement de classe ou de maison, ou par ordre de l'autorité.

En ajoutant à ces exemples quelques dispositions importantes ou singulières, on pourra se rendre compte d'une manière suffisante de la réglementation des taxes et redevances et des garanties données au médecin.

Dans huit villes du Nord (1) où la visite est gratuite, le traitement du médecin est supporté par la caisse municipale.

A Mortagne, les frais de visite sont à la charge des femmes, mais la ville en est responsable vis-à-vis du médecin. De même à Laigle pour les isolées, mais la responsabilité incombe au tenancier pour la visite des femmes de la maison.

A Valence, les logeurs de filles isolées doivent payer pour elles quand elles n'auront pas acquitté le montant de la visite.

A Pont-Audemer et à Vernon, le médecin se fera payer à ses risques et périls, l'administration n'entendant rien garantir ni s'immiscer en rien dans cette comptabilité.

A Rodez, Périgueux et Cette, les filles recevront une quittance détachée d'un registre à souche qu'elles présenteront au médecin *afin de pouvoir être visitées.*

A Tergnier, la somme de 2 francs sera remise séance tenante entre les mains du médecin.

A Embrun, les sommes recueillies seront versées par les soins du commissaire de police à la caisse municipale.

A Carmaux, les sommes seront versées par l'agent qui aura accompagné le médecin.

A Draguignan, la somme de 2 francs sera remise au commissaire de police pour être versée à la caisse du receveur municipal sous le titre « produits du dispensaire ».

Enfin, les règlements de Royan et de La Turbie renferment

---

(1) Avesnes — Cambrai — Douai — Dunkerque — Hautmont — Le Cateau — Le Quesnoy — Maubeuge.

une disposition qui semblerait devoir se trouver inscrite dans tous les arrêtés des villes ou la visite n'est pas gratuite : « Le défaut de paiement ne sera dans aucun cas une raison suffisante pour que le médecin diffère son examen ».

De l'exposé qui précède se dégage l'impression d'un esprit de fiscalité parfois excessif, impression qui s'accentue encore si on ajoute aux renseignements ci-dessus l'indication que des communes font même payer aux filles, o fr. 5o ou 1 franc, la carte sanitaire qui représente une valeur insignifiante, et qu'en surplus les taxes perçues pour le service des mœurs procurent généralement aux caisses municipales un bénéfice plus ou moins considérable. Nous n'insistons pas sur une singularité aussi choquante, mais nous ne saurions taire la résistance des municipalités à renoncer à des perceptions dont l'illégalité a été proclamée par un avis du Conseil d'État formulé en Assemblée générale le 17 novembre 1879 et souvent rappelé par la Cour des Comptes à l'appui de ses fréquents référés.

Il est utile de faire connaître les termes de cet avis qui est ainsi conçu : « Aucune disposition législative n'autorise les communes à percevoir des taxes sur les maisons de tolérance et sur les filles qui se livrent à la prostitution. De semblables taxes sont illégales et l'autorité supérieure ne saurait donner son approbation même indirecte à leur établissement. »

Dans ses observations, la Cour des Comptes s'associait pleinement à la doctrine indiscutable du Conseil d'État, mais en constatant avec regret que les municipalités recouraient de plus en plus à des moyens financiers critiquables, elle laissait entrevoir ses appréhensions au sujet de la suppression des services sanitaires qu'aurait pu entraîner la prohibition radicale de toute taxe de cette nature. Aussi elle s'en rapportait à la prudence et à la sagesse de l'autorité supérieure pour trouver un système propre à concilier tous les intérêts y compris ceux du contrôle financier.

La solution étudiée dans cet esprit par l'administration centrale aboutit en somme à décider : d'un côté, qu'aucune distinction ne doit être faite au point de vue du droit de visite entre les isolées et les femmes de maison ; de l'autre, que la gratuité de la visite doit être offerte d'une manière absolue à toutes les intéressées, une taxe

n'étant admissible comme prix d'un service rendu, pour les filles
et les tenanciers, que s'il s'agit de satisfaire à des convenances per-
sonnelles comme la visite à domicile, ou la visite au dispensaire en
dehors des heures fixées pour l'examen général des inscrites.

Nous ne nous attarderons pas davantage dans l'étude du point
de droit financier que soulèvent les taxes et redevances établies sur
la prostitution par les communes.

Mais la question mérite de retenir l'attention d'une Commission
de prophylaxie, qui doit rechercher, en dehors de toute considération
juridique, si l'obligation pécuniaire qui frappe la femme isolée ou de
maison n'est pas de nature à compromettre le contrôle sanitaire, à
diminuer les garanties indispensables à la défense de la santé publique. Et le problème sollicitera d'autant plus son intérêt, qu'il
faudra qu'elle se préoccupe en même temps de concilier les exigences
de la prophylaxie et les possibilités financières des communes, tout en
proclamant la nécessité de l'organisation sérieuse d'un service public
incombant au budget et dont la charge aurait un caractère obligatoire
au même titre que tous les services communaux organisés au profit
de la collectivité.

IX. — MESURES ADMINISTRATIVES

Par *mesures administratives*, nous voulons désigner toutes les
mesures prévues par les règlements pour défendre les intérêts de la
santé publique et la cité, pour maintenir la discipline parmi les prostituées et pour contraindre les filles se livrant à la prostitution, par la
crainte d'une punition, à observer les règlements.

Il n'y a pas en matière de police des mœurs, de questions
plus délicates que celles que soulèvent les *mesures administratives*.
Concilier la légalité pure avec la nécessité de faire cesser prompt-
tement le scandale, de prévenir sans délai les dangers éventuels
que peut courir la santé publique, de réprimer par des moyens
rapides des infractions susceptibles de compromettre l'ordre, constitue
un problème qui ne semble pas avoir reçu jusqu'ici de solution
satisfaisante.

Rien n'a favorisé autant les attaques dirigées contre la régle-

mentation française que la répression administrative, et on a réussi
à la discréditer aux yeux de beaucoup de personnes en utilisant,
peut-être avec excès, l'opinion formulée par d'éminents publicistes
et jurisconsultes.

Il est donc particulièrement utile, dans l'intérêt de la vérité
aussi bien que des partisans du système actuel intégral ou amé-
lioré, d'énoncer toutes les mesures administratives prévues par les
arrêtés municipaux et de les discuter librement avec une complète
impartialité.

Les mesures administratives peuvent être renfermées dans
7 formules établies d'après les différents objets qu'elles visent,
c'est-à-dire la défense de la santé publique (formules 1 et 2), la
protection de la cité (3, 4 et 5), la discipline des inscrites (6),
les moyens de contrainte pour assurer l'observation des règlements
(7).

Nous examinerons successivement ces mesures ainsi divisées.

I et II. — Défense de la santé publique.

I. « *Les femmes inscrites qui ne se seront pas présentées à
la visite seront sequestrées jusqu'au moment où elles passeront
la visite* ».

On rencontre cette prescription explicite dans 96 villes.

La mesure privative de liberté affecte bien en général un
caractère pénal, car dans 69 de ces villes, les femmes sont rete-
nues dans les lieux affectés aux prévenus ou aux condamnés de
droit commun, ainsi qu'on peut le constater par l'énumération
suivante:

Au dépôt, au violon, au poste, dans.................. 43 villes.
A la prison municipale........................... 8 —
A la chambre de sûreté.......................... 11 —
A la maison d'arrêt............................. 7 —

Si, au surplus, 12 règlements ne désignent pas le lieu de rétention ou se bornent à dire que les femmes seront mises à la disposition
du commissaire de police, il importe par contre de reconnaître que

15 municipalités ont enlevé à cette séquestration ce caractère pénal et qu'elles internent les inscrites réfractaires à l'hospice, à l'hôpital, à la maison de santé, au dispensaire et même dans une maison de refuge.

C'est évidemment la mesure la moins défectueuse et celle qui devrait être proposée à l'exclusion de toutes les autres, d'autant que la privation de liberté infligée aux femmes peut se prolonger long-temps, notamment dans les localités où la visite réglementaire n'a lieu que tous les quinze jours ou toutes les semaines.

A la vérité on soutiendrait que même ainsi atténuée cette mesure serait critiquable car elle implique tout à la fois l'arrestation de la femme sans mandat régulier de l'autorité judiciaire et son internement alors qu'il s'agit d'une contravention de police. Mais si l'objection a un certain fondement, résiste-t-elle à la considération d'urgence tirée de ce fait que la femme qui ne s'est pas présentée à la visite doit être présumée malade et mise le plus tôt possible hors d'état de nuire? D'ailleurs il n'est pas contesté que le maire ou son repré-sentant est investi du droit d'envoyer et de maintenir une femme contaminée dans un hôpital, comme conséquence du droit d'imposer la visite.

II. *Prescriptions concernant les femmes et filles surprises dans l'exercice de la prostitution clandestine.*

Dans les 47 règlements qui visent spécialement la prostitution pratiquée par des femmes non enregistrées sur le contrôle des mœurs, la préoccupation de la défense de la santé publique semble venir au second plan.

Sans doute les femmes convaincues de prostitution clandestine seront astreintes à la visite, néanmoins la plupart des règlements sont muets à cet égard et ils ont surtout pour objet d'édicter une peine, une véritable incarcération souvent de peu de durée et ne dépassant pas 48 heures.

Rarement il est indiqué que la femme sera envoyée au dispen-saire aux fins d'examen dans le plus court délai. En sorte qu'il s'agit bien, surtout, d'une véritable répression administrative pour violation du règlement qui ne tolère la prostitution publique que sous certaines conditions et garanties. Il semble que dans ce cas, plus encore que dans le précédent, il conviendrait que l'autorité de police n'intervint que pour diriger la femme convaincue, sans aucun doute, de prostitution clandestine, sur un établissement hospitalier, et qu'au lieu d'être incarcérée pour contravention elle fut déférée dans les formes légales au tribunal de police.

III, IV et V. — Protection de la Cité.

III. « *Les femmes et filles étrangères à la ville et qui y feraient métier de prostitution, seront remises à la gendarmerie pour être renvoyées dans leur commune, sous peine, si elles se représentaient, d'être arrêtées de nouveau et poursuivies pour vagabondage.* »

Si l'on ne trouve cette disposition que dans 46 règlements, il est néanmoins présumable que l'expulsion des prostituées étrangères à la ville est pratiquée dans beaucoup de localités.

L'idée de purger la ville des individus qui la gênent ou compromettent sa sécurité et qui constituent une charge onéreuse et sans compensation est fort ancienne et a survécu plus ou moins en dépit des révolutions et des transformations du droit public. C'est un souvenir tenace du temps où la commune jouissait d'une certaine souveraineté, où l'on ne pouvait entrer et demeurer qu'avec la permission de l'autorité municipale, où, pour être admis dans la communauté il fallait remplir diverses conditions sans préjudice, souvent, du paiement de droits d'habitantage ou de domicile.

Mais, aujourd'hui, le territoire de la commune ou de l'agglomération urbaine se confond avec le territoire même du pays en tout ce qui touche l'application des lois générales comme celles qui régissent la circulation, l'état des personnes, l'organisation judiciaire, le droit criminel, etc., etc.

L'article 10 du décret du 4 août 1789, portant abolition du régime féodal, déclare en effet, que « tous les privilèges particuliers des provinces....,des villes et communautés d'habitants, soit pécuniaires soit de toute autre nature, sont abolis sans retour, et demeurent confondus dans le droit commun de tous les Français ». Si bien, que la permission de séjour dans une ville n'a plus de sens ni de fondement légal : et si l'on ajoute que toutes les entraves à la liberté d'aller, de venir, de demeurer, de partir, ont été abolies, on devra reconnaître que les citoyens ont la faculté de résider où bon leur semble et qu'ils ne sauraient en être privés dans un intérêt local par le chef d'une municipalité ou par une autorité de police.

L'interdiction de séjour, substituée à la surveillance de la haute police, est d'ailleurs une peine accessoire que seule l'autorité judiciaire peut prononcer dans les cas prévus par les Codes, et l'expulsion qui constitue une prérogative gouvernementale n'est applicable qu'à des non nationaux.

Pour toutes ces raisons qu'il importait de préciser parce qu'elles sont trop souvent perdues de vue ou ignorées, l'expulsion des femmes étrangères à une ville est, suivant nous, absolument illégale. Les maires n'ont au regard de ces femmes que la ressource de les inscrire sur le registre des mœurs si elles rentrent dans la catégorie des filles publiques et de les déférer à l'autorité judiciaire comme les autres habitants, toutes les fois qu'elles auront commis une contravention aux règlements administratifs ou qu'elles se seront rendues coupables de délits ordinaires. (1)

---

(1) Une confirmation toute récente de l'opinion que nous avions formulée en 1902 sur l'illégalité des prescriptions relatives à l'expulsion des prostituées étrangères à la localité, se rencontre dans une décision judiciaire intervenue sur appel du jugement d'un Tribunal de simple police et rapportée par le journal *Le Droit* du 25 septembre 1903. Les motifs sur lesquels repose cette décision sont tirés de la liberté du domicile et de la violation de la loi qui interdit de créer des privilèges en faveur d'une catégorie de personnes.

Les jugements rendus sont assez intéressants pour que nous en reproduisions ici le texte intégral.

Tribunal de simple police de Vienne (7 avril 1903).

« Attendu que si la disposition critiquée visait d'autres personnes que les filles ou femmes qui se livrent à la prostitution, elle porterait atteinte à la liberté du domicile et serait par suite illégale ;

« Mais attendu que ces filles ou femmes sont en France soumises à une réglementation spéciale ; que notamment, il ne leur est pas permis de stationner dans les rues et les promenades publiques, ni de fréquenter les cafés et cabarets ; qu'elles sont astreintes à la visite sanitaire ; que ces mesures sont si rigoureuses pour elles que l'article 4 de l'arrêté du maire de Vienne, en date du 12 juillet 1897, auto-

Les faire reconduire dans leur commune d'origine ou de
dernière résidence par la gendarmerie, constitue un autre et très
grave excès de pouvoirs qui a été spécialement visé par la lettre en
date du 28 août 1883 du Ministre de l'Intérieur dont nous avons
reproduit le texte à la page 41. C'est une pratique surannée, in-
humaine, qui n'est même plus infligée à des condamnés de droit
commun ayant purgé leur peine, et par le motif, notamment, que la
résidence obligée dans la commune du domicile ou dans le canton
n'est plus imposée et qu'elle ne saurait d'ailleurs se concilier avec la
liberté complète de la circulation.

---

risait l'expulsion, dans les cinq jours, des filles soumises qui sont étrangères à la ville,
qu'en prenant cette dernière mesure, l'autorité municipale n'a pas dépassé la limite
des pouvoirs que lui attribue l'article 97 de la loi du 5 avril 1884, pour le maintien
du bon ordre et de l'hygiène publique;

« Attendu que l'inculpée a reçu l'avertissement d'avoir à quitter la ville, dans
le délai fixé, et n'y a pas obtempéré;

« Par ces motifs;

« Condamne ».

Tribunal correctionnel statuant sur appel de la fille expulsée (29 avril 1903).

« Attendu qu'il appartient aux Tribunaux de police de rechercher en cas de
poursuites pour infraction à un arrêté municipal, si cet arrêté est strictement ren-
fermé dans le cercle des attributions de l'autorité municipale;

« Attendu que, s'il est vrai, qu'aux termes des articles 94 et suivants de la loi
du 5 avril 1884, les maires ont le droit de prendre des arrêtés pour tous les objets
confiés à leur vigilance et à leur autorité, et notamment de réglementer la prostitution, ce n'est qu'à la condition expresse que les mesures qu'ils prescrivent ne
portent aucune atteinte à la liberté de résidence des citoyens, et ne créent pas, au
profit de certains d'entre eux, une situation privilégiée, alors même que, comme
en l'espèce, il s'agit de filles publiques inscrites sur les registres de la police;

« Attendu que le paragraphe 2 de l'article 3 de l'arrêté municipal en date,
à Vienne, du 1er juillet 1897, prescrivant que les filles qui se livrent à la prostitution, hors des maisons de tolérance, devront, si elles sont étrangères à la
localité, quitter la ville de Vienne, dans un délai de cinq jours, porte atteinte à
la liberté du domicile de ces filles, et crée, en faveur des femmes nées à Vienne,
un privilège contraire à la loi; que, par suite, ce paragraphe dépassant les droits
de réglementation accordés aux maires, est entaché d'excès de pouvoir et non
obligatoire;

« Par ces motifs;

« Infirme ledit jugement; acquitte, etc. »

IV. *Expulsion des femmes étrangères dans des conditions déterminées.*

Les 45 règlements qui édictent cette mesure poursuivent bien le même but que les précédents, mais ils ne prononcent pas l'exclusion catégorique et radicale de la communauté pour l'unique motif d'extranéité et c'est une atténuation sensible à la prescription draconienne que nous avons critiquée.

Dans la plupart des villes ainsi réglementées, l'expulsion n'est effectuée que si la fille étrangère à la ville est mineure, que si elle cause du scandale ou porte atteinte aux bonnes mœurs, que si encore elle n'a pas de domicile certain ou se livre à la prostitution clandestine.

Pour les 14 localités qui prévoient ce dernier motif d'exclusion, on doit supposer que l'inscription n'est pas refusée comme ci-dessus aux femmes dont il s'agit.

Enfin dans 2 villes, Blois et Clermont-Ferrand, on n'aurait recours à l'expulsion que dans « les cas graves » ainsi que le portent les arrêtés sans plus de précision.

V. « *Toute fille publique, même inscrite, qui n'aurait pas de domicile certain, sera considérée comme en état de vagabondage et déférée au Parquet.*

Cette disposition a été relevée dans 81 règlements.

Nous avons déjà dit quelques mots de l'inculpation de vagabondage en procédant à l'examen des visas.

Il n'y a guère d'inconvénients à admettre la présomption du vagabondage à l'encontre des prostituées notoires qui, dépourvues de domicile certain, sont censées *a priori* manquer totalement de ressources, et de les empêcher ainsi d'errer à travers la ville à la recherche d'un client.

Nous n'avons pas trouvé le loisir de rechercher la jurisprudence des tribunaux concernant les femmes déférées à la justice dans les conditions susénoncées. Au point de vue doctrinal, la question offre un réel intérêt surtout en présence des affirmations des partisans de la liberté qui proclament que la femme a le droit de disposer de son corps et d'en tirer profit.

Nous ne voulons qu'effleurer la discussion et par conséquent nous n'insisterons pas sur la valeur de l'argument; mais s'il était reconnu incontestable, la prostitution serait assimilable à un métier licite, de telle sorte que le fait seul, pour une inscrite de n'avoir pas actuellement de domicile certain, ne suffirait pas pour la faire tomber sous le coup de l'article 270 du Code pénal, qui ne considère comme vagabonds et gens sans aveu que ceux qui, en l'absence d'un domicile certain, n'ont pas en outre de moyens d'existence, c'est-à-dire quelques francs en poche, et n'exercent habituellement ni métier ni profession.

Quoi qu'il en soit, dès lors que les règlements décident que l'autorité judiciaire sera saisie, la prescription est admissible. Elle soulèverait au contraire de sérieuses objections si l'appréciation de l'état de vagabondage et la sanction pénale étaient réservées à l'autorité municipale; et le règlement de Lyon, qui dispose qu'une fille même inscrite, dépourvue de domicile certain, sera punie administrativement de 5 à 20 jours de prison, ne peut être défendu.

VI. — Discipline des inscrites.

VI. *« Seront réprimés par mesure administrative, les actes ou propos inconvenants pendant la visite, l'irrévérence à l'égard du médecin, les grossièretés envers les agents chargés de la surveillance, la malpropreté des filles, etc. »*

Si les punitions sont légères, si elles consistent dans une rétention de quelques heures, on ne saurait les condamner, car elles répondent à des exigences impérieuses, reconnues, semble-t-il, par tous ceux qui ont la pratique de la police des mœurs.

L'insubordination des filles réunies pour la visite dans le local commun, leur mauvaise tenue, leurs grossièretés de langage se manifestent très souvent au dispensaire et doivent être réprimées sur-le-champ, sous peine de compromettre l'ordre et même de mettre le médecin dans l'impossibilité d'accomplir sa tâche.

VII. — Moyens de contrainte pour assurer l'observation des règlements.

Les règlements ne contiennent pas à cet égard de formule-type; ils prévoient seulement des punitions administratives contre les filles qui ne se conforment pas aux prescriptions des arrêtés municipaux principalement en ce qui concerne la police de la voie publique.

A en juger par le dépouillement des arrêtés, et en supposant, bien entendu, que les punitions administratives ne soient pas infligées là où elles ne sont pas expressément prévues, on aurait beaucoup exagéré les abus imputés à l'autorité municipale.

C'est tout au plus, en effet, si 50 règlements répriment les infractions commises par les filles, ou décident d'une manière générale qu'elles seront passibles de peines administratives ainsi que l'indique le règlement de Lyon par exemple.

Cependant il n'est pas niable que la plupart de ces arrêtés admettent l'arrestation immédiate, comme moyen de faire cesser le scandale, ou pour empêcher que la femme ne continue à racoler sur la voie publique, ou ne circule après l'heure réglementaire ou enfin pour toute autre infraction à l'arrêté.

L'arrestation dans tous les cas où elle est liée au maintien de l'ordre, de la liberté de la circulation ou de la sécurité est justifiée puisque le maire est investi par la loi du droit de prendre toutes mesures propres à l'assurer. Par contre, il serait plus difficile de soutenir que l'autorité municipale est investie du pouvoir d'infliger une punition, et, par mesure de correction, de priver de leur liberté pendant plusieurs jours les femmes arrêtées. Ce n'est même plus, en effet, la santé publique qui est en cause, mais simplement l'observation d'un règlement administratif dont la violation rend justiciable du tribunal de police et qui est punie de peines légères et nettement limitées par le Code pénal.

Il est manifeste que la séquestration prévue sans limitation de délai par 27 règlements ou même pour plusieurs jours comme le portent 9 autres arrêtés, est contraire à tous les principes du droit, surtout quand elle est prononcée par des commissaires de police auxquels des délégations sont données à cet effet.

C'était d'ailleurs l'avis formel et réitéré qu'exprimait dans sa lettre de 1833 le Ministre de l'Intérieur quand il exposait d'une part, que les filles publiques, par le seul fait de leur prostitution ne sauraient se trouver hors du droit commun, et d'autre part, que l'autorité civile n'a pas le droit de punir administrativement les dites filles, la faculté d'infliger les peines encourues n'appartenant qu'aux tribunaux ordinaires.

C'est aussi pour la défense des mêmes principes, de la séparation des pouvoirs et de la liberté individuelle que, longtemps après, le Ministre d'Argout, Vivien dans ses *Études administratives*, Batbie dans son *Traité de Droit public* et Faustin-Hélie dans sa *Théorie du Code pénal*, ont condamné si énergiquement la punition administrative.

Il y aurait certainement tout avantage à éliminer des règlements des dispositions entachées d'arbitraire et inconciliables avec les garanties assurées à tous les citoyens par les Constitutions ou les Chartes depuis la Déclaration des droits ; et, ainsi faisant, on atténuerait singulièrement la force des critiques que soulève la police des mœurs dans notre pays.

Parvenus au terme de cette longue et difficile étude, nous pouvons affirmer à la Commission que nous nous sommes attaché avec un soin scrupuleux à rendre un compte aussi fidèle que possible de la réglementation de la prostitution dans les départements, et à exposer avec mesure et impartialité les observations ou les critiques que nous imposait l'examen des arrêtés municipaux.

Si malgré nos efforts quelques lacunes ou quelques inexactitudes se rencontraient dans notre travail, nous nous en excusons par avance et sommes tout disposé à les combler ou à opérer les rectifications dont la nécessité serait reconnue.

Nous tenons d'autre part, à bien marquer que nous avons raisonné comme si les règlements s'adaptaient exactement à la pratique, et à dire que la physionomie vraie, actuelle de la police des

, mœurs pourrait se trouver parfois modifiée par la désuétude de dispositions déjà anciennes ou par l'application plus humaine de diverses prescriptions.

Enfin, nous considérons comme un devoir, de prier la Commission de s'associer à notre gratitude envers notre infatigable collaborateur M. Bransoulié, Rédacteur principal au Ministère de l'Intérieur, qui a accepté la rude mission de dépouiller, d'analyser et de classer les innombrables documents utilisés pour cette étude, mission qu'il a remplie pendant plusieurs mois avec un zèle et une intelligence au-dessus de tout éloge.

FIN DE LA PREMIÈRE SECTION

TABLE DES MATIÈRES

MELUN. IMPRIMERIE ADMINISTRATIVE — N. 2010 F

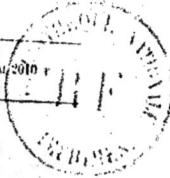

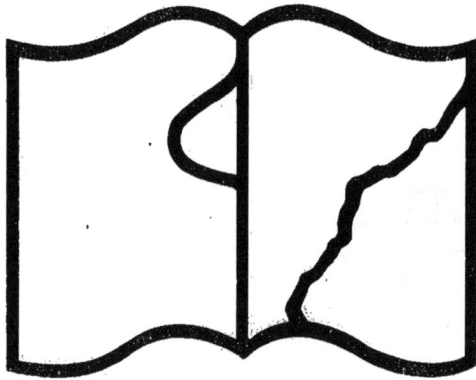

Texte détérioré — reliure défectueuse

NF Z 43-120-11